U0086740

天下文化

BELIEVE IN READING

2016 年成為立法院副院長後，蔡其昌體認到議會有其制度，不是手中有議事槌，就能枉顧規則，自作主張敲下，也體認到唯有放下自我，才能看清局勢，讓議事圓滿進行。

上｜2016年蔡其昌當選第九屆立法委員，參加就職宣誓典禮。
下｜2018年受邀率團出訪波蘭，與波蘭國會參議院副議長別朗合影，雙方就兩國財經的議題進行交流。

蔡其昌認為所有的職位、頭銜都不是恆久不變，所以選擇「做自己」，做應該做的事，不複製別人的樣貌。

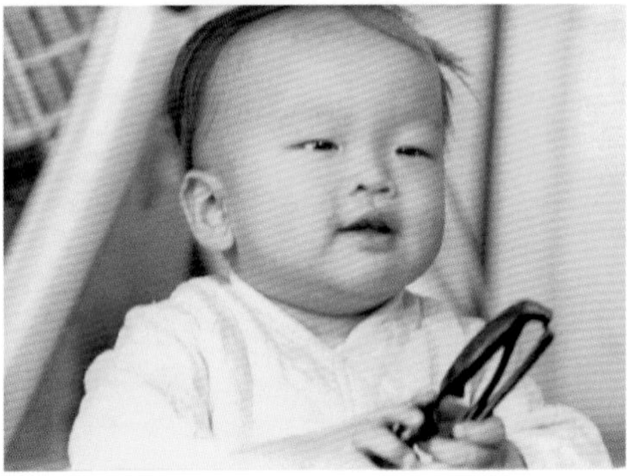

上｜母親來自苗栗卓蘭的書香世家，嫁到大家族又是長媳，教會蔡其昌很多做人的道理。
下｜經營童裝的阿公平日古道熱腸，做了近三十年的里長，蔡其昌認為會走上立委這條路，或許就是從小看他為鄉里趴趴走的潛移默化。

上｜從小學到高中，蔡其昌常自嘲自己小時候一張大餅臉配上一對瞇瞇眼，長相平凡，學業也不突出，但當上政治人物後，他反而很感謝昔日的平凡，使他不至於被外在的溢美沖昏頭，能守住自己內在的心性。

下｜外公詩人詹冰是知名的現代文學家，也是台灣現代詩學的先鋒。在蔡其昌的印象中，外公溫厚文雅，是他生命中的底氣來源之一。

上｜身為大家庭的長孫，讓蔡其昌從小對人際之間的不同面向很有體會，家庭很重視品格教育，也養成他重視圓滿、圓融的個性。
下｜蔡其昌認為娶到大眼美女黃玉廷，是自己人生中很幸運的一件事。每逢選舉，低調樸實的太太揹上彩帶，到處幫忙掃街拜票、挨家挨戶握手寒暄，變身為最佳助選員。

左上｜在東海的八年，除了發現歷史與文學是一輩子的興趣，也收穫了友誼，同學說蔡其昌的瞇瞇眼看久了滿討喜，讓他開始有了自信。圖為青年時期與前立委沈發惠合照。

左下｜大學時期和利錦祥相熟，也一起參與一些活動，開始跟民進黨有較深的連結。

右｜1995年幫廖永來助選立法委員。

上｜2004年選上第六屆立委後，蔡其昌曾和當時的不分區立委蔡英文同屬財委會，後來2008年，時任民進黨主席的蔡英文又邀請蔡其昌擔任中央黨部發言人，長期的共處，讓兩人建立起良好的默契與友誼。
下｜2019年7月，陪同蔡總統出訪，於「自由民主永續之旅」行前記者會合影。

上｜1991 年3月，全台大學生串連發起野百合學運，當時的蔡其昌（前左一）是東海學運社團「人間工作坊」的幹部之一，沈發惠（前左三）和史哲（中右三）也有參與。

下左｜蔡其昌認為世代無優劣之分，早年自己也曾參加過野百合學運，做過廣播電台的副台長，一路反權威走到現在，也認為應該學習用更寬廣、樂觀的評價來看待新的世代。

下右｜在太陽花學運如火如荼進行時，蔡其昌在立法院議場幫忙抬高排氣管讓抽風機排氣，以免二氧化碳濃度過高影響學生健康。

上｜2012年與當時的蘇貞昌主席至台中清水區樂齡學習中心關懷新住民活動。
下｜2012年舉辦「體檢政府退休基金公聽會」。

蔡其昌認為為人民避害是很重要的任務。出身非都會區的立委的他，長期著力爭取全台無自來水區域幹管預算，雖然比起其他建設，這件事耗時耗力又不顯眼，但他認為只要能接上自來水管路，就能讓當地世世代代有乾淨的水源，避免地下水所造成的健康危機。

左上｜2016年大甲江南里自來水工程開工典禮。

左下｜2016年銅安里自來水啟用典禮。

右上｜2014年海線偏鄉無自來水記者會。

右中｜2015年3月，立法院總質詢向毛治國爭取自來水幹管預算補助，手中水瓶為「產地直送」重金屬汙染的地下水。

右下｜2017年龜殼里自來水運營工程開工典禮。

上｜2004年蔡其昌當選第六屆立委後，想要加強財務金融方面的專業，於是再回校園，取得中興大學EMBA財金組碩士學位，2012年也考取博士班繼續進修，這過程也讓他多了一套不同的思維。2017年當選中興大學校友總會理事長，圖為與薛富盛校長（右二）及校友總會顧問合影。

下｜2016年立法院世界台商之友會成立大會，由立法院副院長蔡其昌擔任會長。

2016年2月1日，立法院副院長選舉結果出爐，蔡其昌獲得過半同意票，當選為第九屆副院長。媒體查閱歷任資料後，稱他為「立法院史上最年輕副龍頭」，象徵世代交替的新國會時代來臨。隨即他與立法院院長蘇嘉全進入廳間，正式宣誓就職。

上｜2016年蔡其昌副院長在立法院專注地主持院會。
下｜2018年1月，在立法院接見索羅門群島議長納許。

2016年蔡其昌剛上任副院長為儘速達成「開放的國會」之承諾，開放公民記者進入立法院採訪公聽會，專注聆聽與會者的意見。

上｜在海線創立繪本館一直是蔡其昌的心願，經過長期奔走，2017年「海灣繪本館」終於在清水眷村文化園區開幕。讓海線大小朋友們可以看繪本、說故事、玩手作，啟發更多想像，希望台灣的孩子就像海洋一樣，包容萬物，有著逐夢的勇氣，落實夢想的毅力。

下｜2019年的新春公益音樂會，由蔡其昌和陳其邁打頭陣，合唱五月天的〈倔強〉，除了搞笑演出外，也突顯他年輕真誠的一面。

社會人文 GB473

後背包的初心

蔡其昌的人生解題法

蔡其昌——著

推薦序

從後背包開始

蔡英文

其昌一直是我的好兄弟，他是直接、豪爽的人，有什麼想法，他都會直接說，即使我是主席、是總統，都沒有改變他直來直往的講話方式。和其昌聊天一向很愉快，唯一的困擾就是換我講話的時候，無法分辨他是睡著了，還是真的在聽。

其昌每次來找我，都穿著西裝，揹一個黑色的後背包，這樣的風格，看起來比實際年齡小了二十歲，我感覺他很enjoy這個評價。但我一直沒有機會問他，到底包包裡面裝什麼。

不過現在不用問了，其昌在《後背包的初心》這本書中自己爆了料，告訴大家包包裡裝了什麼。而且不只是這樣，他還用這本書，告訴大家他心裡在想什麼。

在立法院的歷史當中，其昌有機緣當上史上最年輕的立法院副院長。但我認識他這麼多年，他從來沒有因為當上了什麼位子，而變得有架子、難相處。在這本書中，他把自己曾經遭遇的挑戰和歷練，做了很清楚的陳述，少年得志也曾經讓他得意忘形，一時失志則激發了他重新歸零的思考。

於是，我們看見了今天歷練豐富、成熟穩重，又不失風趣、沒有架子、有情有義的「蔡其昌副院長」。其昌說的沒有錯，「副院長」這三個字不會跟著他一輩子，「蔡其昌」這三個字卻會跟著他一輩子。

欣見其昌的書出版，即將迎來新一屆的立法委員選舉，我也要祝福其昌旗開得勝，順利連任，繼續揹著可愛的後背包，跟我一起為台灣的未來打拚。

（作者為中華民國總統）

推薦序

蔡其昌政壇崛起：做什麼像什麼

──「清水」無魚，但人才輩出

高希均

（一）「做什麼，像什麼」

「百層高樓地下起，英雄不怕路坎坷」，四十七歲的蔡其昌就擔任了中華民國立法院副院長。在台灣解嚴超過三十年的今天，這位最年輕的立法院副院長，不僅是對他個人才能的肯定，也是台灣民主政治的進步紀錄。

我與蔡副院長同為中興大學的校友，他是我們校友會的理事長，熱心又出色。我在一九五九年於台中農學院農經系（中興大學應用經濟系的前身）畢業。他出生於一九六九年台中清水，在台中得了完整的教育。先後在東海讀了歷史系的學士與碩士；又在興大得了財務金融碩士，並在財務金融所修博士。二個大學的校訓：「求真、篤實、力行」與「誠樸精勤」，已反映在這位傑出的校友言行上。

這位政治明星的斜槓人生充滿了多樣性、挑戰性及成就感。他做過文學研究者、大學講師、政治人物助理、地方政府官員、國會辦公室主任、政黨發言人、媒體名嘴、立法委員、立法院副院長。他用日本職棒稱投球與打擊俱強的選手為「二刀流」，要求自己的人生是攻與守俱佳，但先決條件是自己不能平庸。書中談到這些不同角色的轉換過程，讓我們看到了這位博覽群書的年輕人在每一個階段，所展現的旺盛生命力；並且做好了準備，再上層樓。

上天總會準備一份禮物給不同的人。送給蔡其昌的是我歸納出的六個字：「做什麼，像什麼」。

台灣社會亂象之一，即是各界的「大人物」，在公開場合，說的是一套；在私下場合，做的又是一套；分辨不清雙重人格下的真相。他們擅於說大話，怯於做大事，更少大格局。能夠肯定的是：「說」什麼不等於「做」什麼；「做什麼」又「不像什麼」。

蔡副院長恰恰是「做什麼，像什麼」的範例。在大學教書時，前輩教授希望他留在學校發展；他擔任民意代表時，用心經營，與基層民眾站在一起，共同解決問題。他把學生時代的「後背包」一路揹上，從教學投入到服務選民。「後背包」是他從政的起步，一路走來也變成了「做什麼像什麼」的人生錦囊。

（二）「平凡」卻「不平庸」

讀這本書，人生的指南針就是「平凡但不要平庸」。接受「平凡」，但不能「平庸」，需要自信與智慧。

社會上普遍的心態是：我的ＩＱ比你高；我與眾不同；我有比別人高明的想法與做法。因此自己不能安於「平凡」，所以要與眾不同的待遇，歡喜享受特權，甚至急功近利、投機取巧。政壇上有太多「聰明反被聰明誤」的不幸例子。多年前我就提倡過：有「平凡」的國民，才有「不平凡」的國家。

蔡其昌就是以謙虛面對生命的無常，以勇敢追求自己的壯志。在實際的公職生涯中，他可以「平凡」，做事卻是追求「不平庸」。

他三十歲擔任民政局長，三十五歲選上立委，四十七歲成為立法院副院長。他自我分析過：「我面對生命的態度比政治之路能走多遠更為重要。外界焦點總放在我是最年輕的副院長那一面，然而，我的真實生命裡，平淡比綻放多，失敗比成功精采數倍。」

這真是愈能平淡，才愈能精采。

（三）從政初心追求圓滿

長江後浪推前浪。台灣民選出的三位總統都是台大法律系的，法政思維貫穿了他們的政治決策。現在選民們要考慮另一種選擇：讀經濟財務的、讀科技的、讀歷史的、讀社會的……也來擔當重任。

蔡其昌有歷史人的縱深視野、經濟人冷靜的腦、社會人溫暖的心，以及他接地氣的自我要求：「人的最終追求圓滿」。

這位政治領袖對錯綜複雜的兩岸關係，提出了三個務實的信仰價值：民主、台灣優先、中華民國主權。讓我再延伸三個理念使它更完整：開放交流、和平互信、雙贏繁榮。

我特別期望蔡副院長用立法院副院長的影響力，做推動開放的中生代政治領袖。

推動「開放」政策，先要剷除小格局思維——恐懼「有力團體」反對，恐懼「短期衝擊」太大，恐懼「意識型態」不正確。

台灣的「悶」經濟就是這「三個不敢開放」下的溫水經年累月煮出來的。此刻必須要讓我們的心智、思維、步伐、策略、創新、膽識來個徹底的解放。「保護主義」是「開放」的死敵；「防弊」則是「開放」的死巷。政府太歡喜管制，太不放心鬆綁。所有這些必須調整。

貫穿全書的是很多坦率的自我解嘲及經驗之談。選引六例：

- 學會跟自己好好相處、跟不帥的外表好好相處、跟我的瞇瞇眼好好相處。
- 走上政治之路，「不小心」成功了，但非常「小心」地努力，讓「機遇」變成奮發上進的「機會」。
- 「後背包」之於我像是初心，從不隱瞞自己的平凡，那是成長的養分。
- 生命中可以有很多的第一，我最想要孩子們拿到負責第一名和閱讀第一名。
- 若能好好善用權力，這世界會因為對的起點，而改變一些不公平的事。
- 有些人是跟你的權力與頭銜做朋友，不是跟你做朋友。

在五十歲生日時，蔡其昌認真思考他未來的路。他認為：大善無我，孜孜其昌。獨善其身是小善，真正的大善是無我，政治之路也是修身養性之路，比起三十五歲的我，初心沒有改變，五十後的我更懂得存善念、盡力做、求圓滿。莫忘初衷，務實前進。

有人說：「清水無魚」。但這個位在台中西北方的「清水」，人口不到九萬，卻出了不少耀眼的人才（朱經武、曹興誠等）。蔡其昌已拔劍出鞘，攀登事業的另一個高峰。

（本文作者為遠見天下文化事業群創辦人）

目錄

第二部　平凡但不要平庸

自序

給不認識蔡其昌的你

我出生在美國阿波羅十一號登陸月球的那一年，一九六九年四月十六日。三個月後（碰巧是七月十六日），阿姆斯壯在月球上說出了名留人類史的經典文句：「這是一個人的一小步，卻是人類的一大步。」

我的人生當然無法跟人類登月壯舉相比，但似乎也有那麼一點點「改變」與「進步」的意味，走在台灣從戒嚴體制轉向自由開放的民主發展之路上。

走上政途，至少在三十二歲前，那是壓根都沒想過的「職涯提案」。卻是經歷命運首次重擊，從有專屬司機、有祕書的台中縣民政局長變成失業青年，由眾人簇擁的雲端跌落，體會到權力如夢幻泡影的滋味，過上好長一陣子的失魂人生。

失敗沒有關係；失去也無所謂；平凡亦不打緊——沙漠之所以迷人，在於沙漠中有著未經挖掘的水源。只要知道在你的內心深處，也有一口深井，井裡盈滿了清澈的水，等待生命的主人親自挖掘。

後來的故事都是後來才知道。當年那位失意青年，完全不會想到二〇一六那年，四十七歲的驚奇境遇……。

第一部

上天
總會給人兩份禮物

我面對生命的態度比政治之路能走多遠更為重要。
我三十歲當上民政局長，三十五歲選上立委，
四十七歲成為立法院副院長。
外界焦點總放在我是最年輕的副院長那一面，
然而，我的真實生命裡，
平淡比綻放多，失敗比成功精采數倍。

之一　後背包的初心

二〇一六年二月一日下午，立法院副院長選舉結果出爐，我獲得過半數的同意票，當選為第九屆副院長。媒體查閱歷任資料後，稱我為立法院史上最年輕副龍頭，象徵了世代交替的新國會時代來臨。

我走進立法院正副院長就職宣誓的廳間，大法官陳敏站在一側，擔任監誓人，蘇嘉全（立法院院長）跟我舉起右手，齊聲唸出左手那張薄薄的宣誓詞：「余誓以至誠，恪遵國家法令，盡忠職守，報效國家，不妄費公帑，不濫用人員，不營私舞弊，不受授賄賂。如違誓言，願受最嚴厲之處罰，謹誓。」

短短的六十多個字，每一字我都唸得慎重，深怕咬字不夠清晰，有負民主的重量。

儘管內心奔騰不已，我竭力自制，幸好眼睛小，看不到流露出的微潤……，這是立法院史上第一次的政黨輪替，我很清楚，這是台灣民主太重要的時刻了！民主選舉的真實意義不是在於哪黨勝利的歡呼，哪黨敗北的悲悵，而是不再由誰獨大，讓國會是開放的、專業的、進步的。

蘇嘉全跟我都有個共識，要做真正民主的立法院長與副院長，盡可能超越黨派，謹守議事中立；立法院的黨團及議案協商、委員會內容與過程都要符合民主、公開與透明，並且使資訊數位化，與人民共享。共享經濟的年代，政治界也要改變思維。

隔天上午，我出現在立法院中正大樓大廳，要到副院長辦公室「場勘」，媒體注意到後背包。

記者問我：「怎麼還自己揹著後背包？當了副院長是什麼感覺？」

我笑著回：「能自己做就自己來，但一樣的背包感覺好像多了兩顆石頭，肩上的責任變重了！」

記不得是何時開始，後背包成了鍾意之物與個人標誌。長年穿梭台北與台中，一星期會有幾個夜晚留宿台北，西裝加後背包就是「上班LOOK」。

泛泛之輩竟成立法院副院長

如果你去問我高中、國中或小學的同學，他們一定不相信，昔日那個學業成績平庸，話不多，胖到原本就小的眼睛在臉上被推高像兩道瞇線的蔡其昌，怎麼可能成為中華民國立法院副院長？

對比現今政壇，醫師出身如賴清德、陳其邁、柯文哲，或是出自頂尖名校，如馬英九、蔡英文、林佳龍、鄭文燦，我從來就不屬於社會菁英的一份子，大學還是重考才有私立學校可以念。

政治之路也是白手起家，長相、學歷又普通，所以明白自己的平凡，一路走來，「原裝」是何樣，就如實真切展現於人前。

過往的職涯發展就像近年流行的斜槓人生一詞，做過文學研究者、大學講師、政治人物助理、地方政府官員、國會辦公室主任、名嘴、立法委員到現在的立法院副院長，尤其年輕時體會過人情冷暖，更不覺得好像換了頭銜，就要換個姿態。

我是從國會助理做起，習慣很多事都自己做，必要之物如手機充電器、換洗衣物、常用藥物、問政資料、選民服務案件都放在包裡。我也不喜歡繁文縟節，共事過的助理們都知道，只要沒有客人在或正式場合，就無尊卑之分，有如朋友一樣相處，他們稱我為「老大」，只有在外人面前才會叫「老闆」。

不少熟悉我們辦公室文化的親朋好友，包含新進員工，一開始都會嚇到，同事對我怎麼不像一般的立委助理那樣畢恭畢敬？反而比較像是科技新創公司的開放氛圍？因為我心裡知道所有的職位、頭銜都不是恆久不變，只有「蔡其昌」會跟著一輩子，所以選擇做自己，我就是我，不複製別人的樣貌。

以前的政治人物習慣被包裝，甚至偶包（偶像包袱）很重，現在的選民愈來愈偏好真實——他們喜歡看起來比較真、比較實在的人，顯示時代改變了。不過，這之於我似乎沒太大的差別，投身選舉後，由始至終都是

「裸妝示人」。

從蔡局長到蔡立委，再到蔡副院長，我就是一個普通人，沒有顯赫的學歷、也沒有雄厚的家世背景，因緣際會走上政治之路，「不小心」成功了，但非常「小心」的努力，讓機遇變成幸運，泛泛之輩竟成了最年輕的立法院副院長。

後背包之於我像是初心，我面對生命的態度比政治之路能走多遠更為重要。我從不隱瞞自己的平凡，甚至刻意分享失敗經驗，因為那都是成長的養分。

每次參加活動，外界關注焦點會放在曾是最年輕的民政局長，現是最年輕立法院副院長的「成功面」——三十歲當上民政局長，三十五歲選上立法委員，四十七歲成為立法院副院長。然而，在真實的生命裡，大多數時間，我的平淡比綻放多，失敗比成功精采數倍。

比如，失業不只一次，第二次失業時，就是我立委選舉的首敗，年近四十，還有妻小要養；受挫更是不計其數，全心投入卻鎩羽而歸，戰戰兢兢的盡全力依然得不到回報；工作不如意，迷茫活得沒目標的日子也沒比別人少過。

我並不是從學生時代就立定志向「將來要從政」，因此特別表現自己，努力站上政治舞台的人，會走上政壇，有點像是被命運推著走，自然而然的選擇這條路。

在東海大學與研究所，主修歷史，在文化洪流裡我著迷上台灣文學的苦難，也在朝代更迭中思索國家定位，東海的開放學風更觸動我鑽研哲學與社會學的思辨，和一群好友創辦了異議性學生社團「人間工作坊」，又碰上野百合運動，我也是學運一份子，只是那時礙於家裡經商，不想為家人帶來麻煩，刻意躲避任何拍攝的鏡頭。大學時我是辯論社社長，活躍於校園的思潮活動，與其說對政治有興趣，不如說令人熱血的是能與一群志同道合的盟友，把改變威權的理想落實成真。

碩士論文挑了當時算冷門的「台灣戰後的文學發展與國家角色」進行研究，現在關注一九四五到一九五九年台灣戰後文學或者黨國角色的研究者經常會引用到此篇論點。當年，指導教授吳文星先生看完論文，給了兩條路：「你的碩士論文寫的很好，出版社想出書，你修改一下。退伍後，如果想往學術界發展，先去大學當講師，繼續攻讀博士；如果想在政治界工作，碩士就夠用了！」

可能是自己喜歡一心二用的個性，像健身運動同時眼睛一定追劇，家庭聚餐時會想順便邀約朋友來聯誼，總覺得一次只做一件事，實在太浪費時光。從歷史念到財經一共念了兩個碩士。我聽進了教授的建議，但不是選擇其中之一，而是同時啟動兩條路。

退伍後，一方面在靜宜大學當講師，準備博士班考試；另一方面，做政治人物的助理搞組織，寫文宣、貼海報、插旗幟、主持活動，小至鄰里公園的座談會，大至選前的造勢活動都難不倒我。現在反而感謝年輕時的勇於「斜槓」。讓我更了解每一個搭台者的角色，都有其專業與酸苦。

政治作為一種職業

在學術研究與政治幕僚之間，表面上好像是自然而然，水到渠成般變成立法委員，實際卻是隨著人生經歷，才清晰明確出從政的方向。

我把政治當作一種職業，職業就要有職業倫理，政治家就像企業家，優秀的企業會重視品牌的願景、使命與價值觀，並盡好企業社會責任，政治家亦是如此，心中要有政治品牌與社會責任觀，這也是政客與政治家的分別。

政治家會有人文情懷的理想，會有精進的期許，衷於初心，捨得小我，願意服務，願意同理、願意承擔，因為政治是服務眾人的工作。我不敢說自己是政治家，但的確以此為目標。

我常跟團隊提醒，選民不是要選一個神像，而是要能解決問題的人。

我的選區位在大甲、大安、外埔、清水與梧棲的台中海線，過去是不受關愛，資源偏少的鄉鎮，在台中縣清水、大甲服務處從二〇〇四年開張至今，年年無休，雖然中間經過二〇〇八年那屆立委的落選，但到下屆（二〇一二年）當選之前，服務處的大門依然敞開。

那時的想法是，為民服務與是否具有立委身分無關，落選，服務處仍開著總是能幫上鄉親一些忙。後來，選上的對手因生病需要休養，我們的服務處變成地方居民的首要去處，還有民眾打趣的跟同仁說，落選的反而比當選的勤勞。

海線空氣裡是鹹水味與人情味，原本多是代代投給國民黨的居民，在我捲土重來，參選下屆立委的競選期間，不少人主動拉票，還有路過的阿媽信心喊話：「我會投給你，因為你不是選舉才出現的候選人。」也有一開始說絕不會幫忙的「正藍軍」里長，在觀察好幾年後，改而支持。我從這些選民身上學到一件事——只要真誠做事，徹底展現真實的自己，就算原本立場不同，也能和樂融融。

至今，無論政壇之路如何起伏，我週末幾乎都會現身服務處，面對面聽取民眾的陳情與建議，就算有了臉書也是維持相同習慣。民意代表如果自己不經常接觸選民，很容易背離真實的民情，違反了從政的初心。

我不僅這樣要求自己，亦如此培養團隊。這些年下來，從我們服務處出身的助理轉而參選民意代表有十人，成功勝選達九位，現任亦有八位，被外界形容蔡其昌的團隊是專業民意代表「出產地」。

我認真的把政治當作一份職業，存著一顆職人初心，自然就會想到人才的傳承。但能這樣想也不是什麼了不起的事，比起其他的頂尖職人精神，坦白說，這個行業能精進的空間著實不小。

如果借鏡其他產業，人民就是消費者，政治人物思考他們所渴望的，跟企業思考顧客需求是類似的路徑——民主政治要走的方向，不是非理性的對立，而是在論證的過程裡，讓社會朝向更美好的未來。

人民需要的、渴求的、想望的，不過就是這一份初心。我的後背包能不沉重嗎？它，隨時提醒著我，勿忘初心。

之二　髮絲紋

你認為最完美的幸福是什麼？我認為是「無懼」，處於隨時恐懼的狀態是不幸福的。

某種程度，政治人物在台灣並非受到特別敬重的職業，卻又是社會的意見領袖，擁有為大眾發聲的權利。我們活在光芒照得到的地方，但人民隨時可以關上燈，收回權利。

比起很多政壇前輩，我從政二十多年的時間或許不算太長，卻經歷不只一次關燈後的現實，然後，再朝光芒奮力奔去，過程中體會到作為公眾人物，如果不能夠依著自己的本質而活，那麼在上台與下台之間、在燈明與燈暗之際的落差，會讓人迷失，會誤把掌聲、光采當成恆常，忘了權力、名利是伴隨「身分」而來，根本不屬於某個人，而是民主制度賦予的力量。

我本來就不是天生能聚焦鎂光燈的人。我在一個團體裡，很容易變成鴿派。或許跟童年有關。

青春校園電影裡，導演總愛安排一位圓滾的胖小子來襯托帥氣的男主角，我到大學之前，都是擔任那個配角。

我常在演講中自嘲小時又胖又醜，一張大餅臉配上一對瞇瞇眼，長的不好看，學業也不突出，還好居住的台中清水，小鎮民情淳樸，雖然曾被笑胖啊、醜啦，但沒有因為外表被同學霸凌或排擠，相反的，還因為愛熱鬧，人緣算不差，常是被呼朋引伴的固定班底。

小學的說話課

不知你回想小學最深刻的記憶是什麼？有些人是玩伴，有些人是師長，有些人是領獎，我的話，是每週的說話課。

說話課時，全班都會很奇異地突然變安靜，大家低著頭，不想對上老師詢問的眼神，但我就很愛上台說故事，而且可以滔滔不絕。幾次下來表現不錯，演變成每到說話課，全班像是有種默契，要我先「開講」，再由同學接力，那是鎂光燈難得會聚焦在身上的時刻。同學對我講的故事反應愈熱烈，台上的我愈講愈起勁，當然，這也促使我養成閱讀的習慣，因為腦袋裡隨時要有（故事）存糧。

上了中學，任何跟「說」有關的課被歸類無關緊要，因為聯考不會考，像我這樣平凡，成績不見起色的少年，自然不會是鎂光燈青睞的對象。幸好，文學成了苦悶的升學世界出口，閱讀那些比教科書精采數倍的文學作品、科幻、武俠小說，是青少年歲月的美好記憶。

老實說，我從小學到高中，學校的功課表現普普，成績也沒有特別差，名次就維持在全班中段。對於跟別人競爭名次這等事本來就不太有興趣，並不是故作瀟灑，我想這是天生個性，自己本來就是那種喜歡和諧的人，但也不是缺乏積極進取、堅強不服輸的基因，而是要視什麼情況而定，如果是為了心中的價值信仰，那絕對是堅守到底。

也有可能是因為父母從小重視我們的品格，對在校成績沒那麼在意，總之，在成長過程，我被狠狠修理的緣由都不是因為成績。

若看小時的蔡其昌，真的不起眼。當上政治人物後，我反而感謝昔日的平凡，使我不至於被外在的溢美沖昏頭。所謂的頭銜以及伴隨它們而來的事物都只是生命的印記，但不會成為人生的靈魂，就像金屬上的髮絲紋，一絲一縷豐富了層次，但色澤好壞要視材質本身。何況，人生的髮絲紋根本無法設計，抱著懂得欣賞的心態就好，看清這點，就不容易迷失於因著頭銜編織而出的美麗絲縷，心被困住，變得不像自己。

之三　反脆弱

上天總會準備兩份禮物。

別誤會，我沒有要成為勵志人物，也沒嚮往成為激勵大師。不過，這的確是我的面對生命逆境的真心告白。我認真覺得，人生沒有所謂的成敗，當下是成功或是失敗，那只是你的定義而已。

品牌思維VS.選舉思維

「我想做什麼樣的政治人物？」這是剛開始當立委，時常的自我對話，後來變成「如何做好自己的政治品牌？」自問「能不能把台灣的政治品牌做好一點？」。品牌思維與選舉思維是不同的，後者一心求勝，更甚者投機討好、失去品格，若是如此，用「政客」來形容可能比較貼切。

品牌思維是會堅守價值，會重視人們的信任感。然而，比起其他領域，想要打造「政治品牌」的難度高上許多，台灣民眾普遍對政治人物存在一個疑問——他們能夠信任嗎？

我對自己的期許是盡量說到做到。

當然，要百分百有其難度，政治是謀求眾人的幸福，但國家公共事務面向複雜，就算平日已如海綿，鞭策自己吸收新知，也於決策前整合龐雜資訊，作為參考依據，思想前後力求面面俱到，還是會有誤判之時。可能在幾年後發覺自己當年的外行或愚蠢，或是沒預見未來變化，當下的思考不夠前瞻，如果碰到這種情形，就坦然認錯吧！因為政治人物不是神，但這不能作為出錯的藉口，機率要愈小愈好。

一路從國會助理走到最年輕的立法院副院長，我的心法一點也不複雜。說起來可能有點不可思議，我其實是一個不太在乎將來要選什麼的人，心思非常的簡單——好好做好自己的政治品牌，因為如果現在做的很爛，怎麼談未來？

政治是一個高度競爭產業，我所看見的從許多助理脫穎而出、躍上舞台的政治菁英，他們都比別人加倍認真。

而且，這份工作需要高度的熱情。不僅對人，對公共事務都要熱情，更不要認為只要做對的事，理所當然能得到很多的讚美與回饋，實情常是付出與回報不成比例。不過，作為政治人物比什麼都重要的是「建立正確價值觀」。從政是為了幫人民做事，所有的手段與目的都是為了這個目標。

為什麼正確的價值觀如此重要？大部分人很難做到像清教徒那般清心寡欲，愈位高權重，權力的誘惑愈多，有中心思想作為省思的依據，不容易迷失自己，才不會走上唯利是圖的歧途。

可怕的是，從政者一旦滿腦子只想賺錢，便會離真正的政治家之路愈來愈遠。因為對於政治人物來說，政治生命的最大職責是如何繼續為民服務，光是每天要做好這個份內的課題，應該是忙到沒太多餘力兼顧家庭，遑論經營其他的副業了。

身負公眾利益的政治工作，不僅歹路不可行，連誤入歧途的可能性都要有自覺啊。

老天關上這扇窗，是為了打開另一扇

我承認，失敗的確會令人產生負面情緒，我這位「老鳥」的心得是，生命的精華絕不會於一帆風順裡顯現。人別從表象看得失，因為你不知道老天關上你想要開的這扇窗，其實，是已經幫你開好了另一扇視野更佳的大窗，只是往往我們都太過沉浸於表面的失敗事件，忘了面對後，才能迎來新轉機。

我的人生轉折點都是經歷過這樣的情境。像是二〇〇八年，民進黨因阿扁案影響選情，即便是過去三年認真問政與服務選民，我們亦用盡全力投入選戰，還是不敵大勢，以幾個百分點小輸給國民黨紅派大老。好吧！這是我人生的第二次失業，那年三十九歲，古人說四十而不惑，中年失業，實在無暇思考來年如何迎接「不惑」，因為還有家庭與服務處團隊的生計等著我。

還記得那天在家裡看開票直播，一個小時後，我心裡有底會是小輸。結果出爐，真的小輸對手，太太情緒比我還激動，無法置信過去三年她把先生「貢獻」給選民了，心疼這麼認真做事的人還是無法打破傳統的地方派系，見太座氣憤難平，我這位「落選人」要她別傷心，安慰太太：「放心！上天總會準備兩份禮物，一份給贏的人，一份給輸的人。」

話出口時，忽然感覺到，自己應該可以很快克服這次的失落感了。那天的夜空非常清明，星星特別賞光。

沒領薪水的中央黨部發言人

幾個月後，上天送來禮物，接到時任民進黨祕書長吳乃仁的電話，蔡英文主席希望我能到中央黨部擔任發言人。

上班第一天，蔡英文主席除了交辦工作，也告訴我：「黨負債四億多元，沒錢付薪水，你的部分會由我私人支出。」

我不假思索：「不用給薪水，我也是黨員，應該共體時艱。」

雖然沒領發言人的薪水，但因為這個身分，有電視台注意到我，邀約上政論節目。大學辯論社與從研究所就參與選舉活動的訓練，我發現自己不怕攝影鏡頭，節目開始幾分鐘，很快就能適應棚內的三機作業。其實會答應上節目，主要是因為想讓更多民眾了解民進黨的政策主張，畢竟，二〇〇八、二〇〇九年的民進黨，像是在加護病房掙扎的病人，信心與信任感潰散一地，需要重建。

第一次上完節目後，製作人發現我論點犀利，口條不錯，持續發通告，其他政論節目看到了，也跟著找上門。突然，週間的行程變得非常忙祿，每天像是實境秀，在投入二〇一二年立委選舉前，白天是民進黨部發言人，晚上是政論節目名嘴，週五到兩所大學兼任講師，其餘時間全部投入選區的選民服務。

尖峰時期，每月通告費有十多萬，隨著曝光度大增，坐計程車趕通告時，司機認得出我，走在街上，也會有民眾上前來問我是不是電視上那個蔡其昌，喜歡我論述的觀點，理性又有根據。我當了三年立委，沒什麼知名度，也沒人邀我上節目。沒當立委後，卻邀約不斷，成了全國知名人物。

那時還有電視台開出極為優厚的合約，想直接讓我成為某常態節目的固定嘉賓，我婉拒電視台的抬愛，因為很清楚，成為名嘴並不是自己想要的人生。上政論節目，難免會跟相對立場的來賓辯論，雖不至於面紅耳赤的大動肝火，但唇槍舌劍免不了引來濃濃火藥味，不少時候，問題論點失焦，爭執流於情緒，說實話，我的本性並非熱愛此道，更不願日後被定位成咄咄逼人的名嘴。我是因為想要服務人民、解決問題才想從政，政策的辯論只是溝通不同立場的環節之一。

不可否認，幾年的名嘴工作打開了我的知名度，我常開自己玩笑，認真問政四年，比不過上幾次政論節目。

人必須適應逆境

日後，我跟太太說：「妳看，我說的沒錯吧，上天會準備兩份禮物。雖然那場選仗因大環境不好輸了，回頭來看，反而讓我成為民進黨發言人，也因為上政論節目，打開全國知名度，不再只是台中選區（還不是全台中哦）才知道的蔡其昌。」

還有很重要的一點，十多年來，我逐漸理解要適應逆境，人需要培養「反脆弱」的能力。

《反脆弱》是一本書，作者塔雷伯提出，每件事都會從波動得到利益或承受損失。脆弱是指因為波動和不確定而承受損失，反脆弱是超越堅韌或強固（堅韌至多只能夠抵抗震撼和維持原狀），讓自己避免這些損失，變得愈來愈好。換句話說，作者認為，人類可以受益於混沌，也需要適時出現的壓力與危機，才能維持生存與繁榮，但最重要的倫理守則是你不該犧牲別人的脆弱而取得反脆弱性。

我個人的體悟是，反脆弱的能力令一個人「面對」錯誤與挫折，從中學習，變得更游刃有餘，能以新的觀點來豐富自己，邁開步子往前走。成功就是面對生命的黑盒子，只要你還活著，學會用什麼方式來面對是人生的必修課題。

與「面對」相反的詞彙叫「躲避」。我常在想，如果人可以躲得開，大家都會選擇趨吉避凶，很不幸的，生命就是一連串躲不開的過程。

人生有很多躲不開的事，也因為躲不開，面對才是永恆的命題。再舉我的例子吧。出來競爭立法委員的這條路本來不在規劃內，是因為要面對人生的第一次失業。

大起大落的青春歲月

我二十九歲到三十二歲的人生像坐雲霄飛車。現在回想起來，好像蒙受不少幸運，讓我這麼一位普通人，早年就能歷經像電影劇情般的大起大落。

先不提我怎麼會對政治產生興趣，容我在之後的篇章詳述。簡單來說，大學因為參加辯論社，有機會接觸黨外活動，不過大學時期並非民進黨員，雖然是野百合學運的一份子。考上東海歷史研究所後，一方面打工，擔任過民代（楊嘉猷、田再庭）的助理，另一方面是滿足想實踐社會正義的熱血，參與各種社會運動（就是現在的公民團體），也投入政治改革，幫忙民進黨選舉，其中包含當時競選台中縣長的民進黨籍候選人廖永來。

本來，台中縣長都是由國民黨在中台灣的紅黑兩大派系輪流推派，早期中台灣民進黨的得票率不高，但經過多年努力加上國民黨內部分裂，一九九七年，民進黨一口氣選上台中縣市地方首長（台中縣長廖永來、台中市長張溫鷹），打破中台灣藍天獨霸的政治版圖。

廖永來縣長上任後，找我擔任縣長祕書兼台中縣工業策進會總幹事，一九九九年的九二一大地震後不久，我被升任為民政局長，那年三十歲。

三十歲成為地方政府局長，我不曉得是何樣的因緣際會。我從來不認為自己擁有什麼特殊專長，也沒有雄厚家世，當同齡的同學還在騎車衝鋒陷陣，為生活打拚，我有專屬派車司機，南來北往接送，好不風光，白天的行程有祕書打點，大家見我都噓寒問暖，我又愛交朋友，生活多彩充實。下班後，趕攤應酬。真的很像活在意氣風發的天堂裡。

不過，被賦予的權位就像海面美麗的泡沫。兩年後縣長選舉，紅黑派系記取上次分裂的教訓，共推一個代表參選，廖縣長尋求連任失敗，我也從「年少有為」的局長變成「無業青年」。

若要我說最難忘的挫敗，會是二〇〇一年打包離開縣府的這次。可能有些人不解，又不是你選輸，怎麼比自己落選的受挫記憶更深刻？

說不上哪種原因。或許是第一次經歷從天堂掉到地獄，手機從整日來電作響到一星期只有鬧鐘響鈴陪我，一度懷疑手機是不是壞了，還打給朋友，確認通話功能完全正常。或許是第一次體會到失魂落魄的無業狀態，那是種肉身在世間，但神識與心思好像縹渺半迷霧中；亦或許是那時還年輕，不懂起伏變化是常態，只覺得世界一樣運行，唯獨自己被按下暫停。

那陣子賦閒在家，除了固定出席一些政治上的會議，什麼都不想做。加上在敗選的善後會議，我主張台中的三位民進黨籍立委應該成立聯合辦公室，讓當時所有因戰敗而失業的年輕助理有去處。這個想法因為有人反對而沒被採納，我當時非常不高興，認為他們各自有盤算，也第一次體認，想要有主張，想要幫助別人，就必須擁有相當的權力，有心而無力注定是悲劇。

遊蕩幾個月，邱太三邀約我去台北做他的國會辦公室主任。我知道太三想給我一份工作，也感激這份心意，但還是興趣缺缺，覺得換湯不換藥，換老闆不等於自己的建議就能完全落實，這就是「永遠不斷在當幕僚的命運吧」，心想有機會不再做幕僚了。

對心酸的適應力其實滿好的

彷彿看出我的想法，對我的提不起勁，他直接說：「你先來做我的辦公室主任，等我以後不選了，換你去選。」我答應了，雖然不覺得這是什麼承諾，主要還是因為太三從政後的首役就是參選國大代表，那時我雖還在念研究所，但已擔任他的執行總幹事，他一直視我為弟弟般的照顧，加上覺得也該工作了，於是北上。

太三對我很客氣，完全無老闆的架子，時常把人脈分享給我（我當時在台北沒什麼朋友），逢人一定先介紹我：「這是蔡其昌，我的主任，做過台中縣民政局長……。」

從民政局長到國會辦公室主任，以前的每日司機接送，變成了自己搭公車到台中火車站北上，台北也是搭大眾交通工具通勤。回想起來，我好像沒有心酸的感覺，回憶也不存在痛苦與強烈情緒，就覺得這是正常的平凡生活。唯一的挫折只是隱約感覺有志難伸，自己能改變的事情有限。

我後來得到一個欣慰的結論——蔡其昌對心酸的適應力其實滿好的。

後來，邱太三入閣，擔任行政院大陸委員會特任副主委暨發言人，二〇〇五年，他代表民進黨競選台中縣長。我回故鄉，參選二〇〇四年年底的台中縣立法委員。

之四　止水澄波

我會走上立委選舉其實跟一個人密切相關——現任台灣新社會智庫總幹事利錦祥。

利錦祥是非常低調的傳奇人物。一般人可能沒聽過他，但他絕對是台灣走向民主政治的推手之一。在民進黨尚未創立前，就在自己開的台中豐原三民書店賣黨外雜誌，黨外運動也在利錦祥那裡串連。後來，他正式接下新潮流（現改為台灣新社會智庫）總幹事，負責選舉調度、新人培育等大小事，一做就是十幾年。

以他對民進黨的貢獻與輩份（跟邱義仁、吳乃仁同世代），若他想要從政，仕途之路一片光明，從我認識這位前輩開始，他始終位居幕後，不謀官職，興趣是閱讀，最愛是文學，早年他創辦的《台灣新文學雜誌》相較其他黨外雜誌，更多談的是文學、是思潮。

新的這代要站出來啊！

我二十幾歲到三十出頭的歲月，跟史哲（前高雄市副市長）等人常往利錦祥家跑，飲酒論政，高談闊論，累了，就在客廳倒頭就睡。豐原路邊的海產攤也是我們時常駐足之地。

二〇〇一年廖縣長連任失利，我失業，民進黨在中台灣重挫，我們這群人心情很不好過，像是戰士失去了戰場，那段日子，每次在小吃店聚首，酒過三巡後，利錦祥就會對我們幾位年輕人開砲。

「你們年輕人要勇敢，新的這代要站出來啊！」然後，他的下一槍固定開向我。

「蔡其昌，你都不出來承擔！」他直視著我，大聲嗆我。

「老大，我是哪裡沒有承擔？」我被罵的莫名其妙。

然後，每次喝完酒就來這段，兩人像跳針那般，重複對話。

幾次後，我實在不爽了，忍不住回嘴：

「老大，你每次都說我沒有承擔，我是叨位嘸承擔？講清楚，是要我承擔什麼啦？」

「你要帶領大家，承擔責任，出來參選立委，做你們這代人的新領袖。」

「啥！」我們一直知道利錦祥常對政壇前輩說，只要給年輕人機會，他們一定會成長，我完全沒有想過利錦祥對我的期待是如此。

當時我覺得這不是我應該做的角色，也不覺得自己可以，只好用「大家會一起承擔啊！」「老大，你免煩惱。」「我是nobody，嘸適合出來選。」打哈哈帶過。因為利錦祥「盧人」功力一流，曾任新竹地檢署檢察官，抗議關說案辭職回台中當律師的邱太三，就是他用「台灣需要你這種熱血的人一起來拯救」，勸說成功，從選國大代表、擔任廖永來縣長機要祕書，之後投身立委選舉。

利錦祥就像我們的老大哥，我心裡很重視他的評價，見他眼神透露出的失望，我也不好受，覺得讓自己在意的人失望了，著實過意不去。之後，利錦祥又提了好幾次。

忘了是第幾次的對話，忽然間「難道不出來選就是不願承擔嗎？」的念頭閃過心上，利錦祥對我的抱怨（正面來說是期待），加上之前組聯合辦公室提議被否決的不滿，變成了同一件事，於是，我決定要承擔起責任，答應邱太三去上班，答應利錦祥有機會會出來選。

這就是我從國會助理到競選立法委員的故事開頭。

不過，選舉常受到大環境影響。每個政黨都想拚全面執政，從地方、中央、國會全面執政並不會在每次選舉產生（不算國民黨獨大時期），但只要出現，就是社會發展歷程的轉折點，是眾多因俱足而成的果。

以我的觀察，任何策略操作只能順勢而為，時代的浪潮誰都擋不了。關鍵在於要看清所謂的「勢」，不只是審勢民心、對手氣勢、兩岸情勢、國際趨勢，還包含洞悉隱性需求，也就是人們內心隱約的期待，就算是同一群人，他們在上個年代所期待的，跟下個年代也會不同。換句話說，時代會改變，人民會變化，政治的先天使命是服務人民，政黨使命不能變，但做法當然不能一成不變。

比如對成長在網路、社群世代的選民，政治人物早已不是電視裡的新聞畫面，是手機裡隨開隨看的社群帳號，時代的浪潮會推開離人民認知愈來愈遠的政治人物。我們的團隊很早就開始關注社群媒體如臉書、Line、Instagram，直接與民對話。我也是民進黨籍開微博帳號而共產黨沒封鎖的政治人物，當時想法是應該多理解對岸，多互動交流，後來因為引來太多情緒化與敏感性的留言，才自己關閉微博。

成敗、明滅都是一時的定義

我常說，政治工作會面對許多挫折，必須要盡量有心理韌性，選戰的輸贏更是殘酷的大擂台，一輸就是四年後再來。當你經歷過那種大敗與大勝的局勢之後，特別懂玄奘法師的「如人飲水，冷暖自知」八個字。

在現實生活中，我是一個平凡的人，會為了別人的惡意而受傷，為了子虛烏有的事而動怒，也有思慮不夠周密的一時糊塗，曾有凡事爭明白的意氣用事，在從政的過程中，我感謝曾經的「失敗」，那培養了我的心理韌性。五十知天命的我，已然知曉世事沒有所謂成敗，此時敗彼時成，此岸明彼岸滅，成敗、明滅只不過是一時定義，多數人錯把恆常當無常，忘了無常才是恆常之道。

甚至是把虛幻當成真實在追求。

虛幻的是什麼？比如「光環」就是假的。再怎麼會選舉，總有一天也要退休，沒有舞台，失去了「喊水會結凍」的光環，多了被忽略的失落感。

那真實的是什麼？「平凡」才是真的，說的明白一點，就是不要過於自我感覺良好，染上「公主」「王子」病——並不是我天生就懂這道理，是從挫折中得到的。我因為刻意提醒自己的平凡，因而增強心理韌性。

二〇〇八年那次敗選，我從清水家裡到服務處的五分鐘路程裡，構思好敗選感言，老實說，當確定小輸對手的那一刻，我沒有太多情緒起伏，但知道現場的支持者需要我的安慰。到了現場，大家不甘因「扁案」的非戰之罪，哭成一團。我感性的謝謝支持者，展現風度恭賀對手，並堅定表明日後依然繼續服務，這次的挫敗不會重挫我為鄉親服務的心。事實上，我雖然落選了，隔天服務處仍照常開門。

二〇一三年底，我與林佳龍角逐民進黨台中市長黨內初選，民調輸給林佳龍，二〇一四年林佳龍代表民進黨參選台中市長，請我當他的發言人，我也公開全力相挺。黨內有些同志與團隊的人不解我，如何那麼快忘了初選的針鋒相對？我跟他們說，忘掉過程的那些紛擾，民主是要尊重結果，我們要全力支持，尤其是海線（我的選區）要比我選立委時更認真助選。

人莫鑑於流水

我不是聖人，心裡介意過對手的批評，不過靜下心來想想，對手讓我看見自己原來的格局不夠大。把別人的批評當指教，改進了，收穫還是自己的，不是嗎？

我雖出身新潮流派系，在擔任民進黨立院黨團的書記長、幹事長時，不以派系立場行事，力求共好，存著這樣的想法，一路來結交了很多好朋友。

也沒想到自己在二〇一六年會角逐立法院副院長，當時不分派系的中生代都站出來表示支持，還現身記者會，令我超感動。外界形容我人緣好，行事不分派系，對於這點好評我是接受的，因為我是真心做人，真誠做事，我待人處事的風格就是如此。不管到幾歲，不管在哪個位子。

我很喜歡莊子講的「人莫鑑於流水，而鑑於止水」那種境界，內心的修養要學習止水澄波，就像止住的青色湖潭，如澄波那般能透見水中魚兒。身處世間事，一定有喜怒哀樂，但內在若能如止水澄波那樣悠然不動，心不會被干擾太久，也比較容易達到老子所言的「上善若水，水善利萬物而不爭」。隨著修養層次提升，會愈來愈傾向溫良，現在看過去自己以前質詢的表現，有時覺得太橫眉豎目、得理不饒人了。

這種思考方式，或許並不符合世人對於一般政治人物所抱持的印象，與捉對廝殺的傳統政壇生態勢違和，不過我本來就是非典型政治人物，說不定未來有更多像我這樣的人出現。

面對複雜的政治生態，我盡量好好守住內心嚮往的這塊境地。如此，很多事的取決也就不會那麼困難。

之五　權力監牢在我們的心

我特別想談談在台中縣政府服務的那四年時光，前後擔任過的工業策進會總幹事、民政局長兩個職務，開啟不同視角，也讓我知道權力是人生的外掛，不是內建。

一九九八年，廖永來選上台中縣長，找我當台中縣工業策進會（工策會）總幹事。工策會是中央政府在各縣市的投資服務組織，角色是配合政策，做好企業與中央與縣政府的橋樑，採委員制，由縣市政府、民意代表、企業代表、金融代表、公用事業代表與專家所組成。每屆的主任委員由市長擔任，總幹事設於主任委員之下，負責執行各項任務。

遭逢九二一大地震

總幹事的工作讓我在短時間速成了解台中縣產業鏈，我很喜歡找那些白手起家的企業家聊天（這也是台中盛產），從他們身上尋找從平凡到成功的因素與特質。

工策會並非縣府編制內的單位，但廖縣長上任時，正副議長是國民黨籍顏清標、張清堂，朝小野大，議會堅持工策會要到議會報告，廖永來縣長反對，認為他是主委，議員有疑問，問他即可，且工策會並非縣府正式編制單位，無需備詢，為了府會和諧，破例由我代表工策會站上發言台進行專案報告，並接受議員質詢。結束後，議員對我的處女秀表現還算滿意，那是印象中最深刻的備詢經驗，化解了府會一場角力，也給我一次難忘的震撼教育。

隔年，地方制度法通過，民選的縣市長有自治權可用機要人員方式進用副縣長與五位一級單位主管，俗稱「小內閣」。那一年，台灣發生了九二一大地震。

那晚，我躺在床上看電視，電視訊號忽然像鬼片裡的忽明忽暗，接著天搖地動，力道大到像是炸彈來襲，我從床上跳起來，抱著那台小電視坐在地上，沒多少全室陷入一片黑暗。當時我住神岡一棟透天厝的二樓，摸黑下樓開車，想去當時女友的住處看看。

那是一種永難忘記的奇特景象，本應寂靜的凌晨豐原街道，站滿了許多驚魂未定、衣衫不整的人們，偶而夾雜幾聲顫抖的呼叫，定睛一看，多棟傾斜樓房腰彎像被勁風掃過的秋芒，還有滿地碎石、玻璃。見著朋友，唯獨沒女友的身影，我不知哪來勇氣，顧不得旁人的勸阻，從一樓直衝十二樓。

只見半掩的大門微顫，顯示剛經歷的倉惶失措，隔間牆也被震碎出一個大洞，確認女友不在屋內，我才想到——慘了！現在換我要從十二樓逃生。人處險境，腎上腺素真的會被激發，想到小命可能休矣，一鼓作氣再從十二樓往下跑，等雙腳踏到柏油路後，才實際感受到自己腿軟了。後來在利錦祥家找到第一時間就逃生的女友，不過衝上十二樓救人卻上了新聞版面。

台中縣是重災區，我在九二一重建工程開始沒多久，被縣長派任為民政局長，成為議員口中的少年局長，正式面對議會質詢。

民政局長任內深入偏鄉災區

九二一讓車籠埔斷層帶上的山線與屯區受創嚴重，隨著漫長的重建工作，我的足跡也走遍和平、石崗、東勢、新社等偏鄉，特別是原住民集中和平鄉，在沒有原民會或原民局的時代，原住民的業務都集中在民政局，這場浩劫讓許多人失去了家園、家人與朋友，面對人生一夕流離失所的苦楚，我從原住民朋友身上真實感受到樂觀成就了強韌的心性。

每回踏進部落，簡易的組合屋，辛苦的生活，看見的卻是一張張開朗笑容，說說笑笑招呼我們。晚上就會和一些熟識的原住民兄弟一起唱歌、大口喝自釀的小米酒配烤山豬肉。

狩獵而得的山豬肉以及他們認為招待貴賓最好的佳餚——生的醃製飛鼠肉或溪魚肉，雖然我不敢吃，但偶而也會閉著眼睛一口吞下，這是和原住民兄弟之間的情義與豪邁。那陣子學會不少他們改編歌詞的流行歌。相較於同樣百廢待舉的其他災區，原住民朋友很快收拾淚水、面對逆境的豁達著實令人佩服。

九二一後，我覺察人生觀起了微妙變化。走過天災地變以及災區重建，我高度懷疑人定勝天這句話，開始懂得人只能活在當下，並盡力而為。成事與否由天定，我不是宿命論者，也不消極，而是明瞭凡事皆有因緣。現在，隨著自己經歷愈多，愈覺得「盡力」就是一種積極的態度，「不強求」則是一種圓滿的智慧，能夠掌握的是如何把事情做到極致。至於結果如何，交由老天決定，不必計較得失，就算不盡如意，說不定是柳暗花明。

民政局轄下事務挺有趣的，從戶政事務、區里行政、地方自治、宗教禮俗到殯葬事務等都與民政局有關。我常戲稱，從出生到死亡都是民政局的業務，台中縣又幅員遼闊，劃分為山海屯三大區塊，局長生涯可說是上山下海，也真的是一段很有使命感又具年輕特有傻勁的記憶。

現在回想起來，慶幸自己所學是歷史，早年學生運動的實踐，加上民主改革、社會運動的洗禮，才能在初嘗權力滋味之際，不至於「走鐘」，被沖暈了頭，只是熱血地想實踐在校讀到的那些理想、哲思。

很難具體述說二十年前在局長任內做了哪些有意義的事，不過記得自己特別重視基層與弱勢權益，挑戰威權與僵化的官僚體制。在當時還是很保守的公務體系，做了些改變。

重視基層與弱勢權益

局長有自己的辦公室，辦公桌離門口有段距離，我發現，每當門口響起敲門聲後，半晌都沒見到人。剛開始的幾次以為是錯覺，繼續埋頭批閱公文，然後再度聽到敲門聲，這下百分百確定沒聽錯，起身走到門口，見到同事站著那裡。等著我請他們進門。

這種情節一再上演，我忍不住在週會上問，為什麼大家每次敲門都不直接進來？他們異口同聲：「因為沒有聽到局長說『請進』啊。」

年輕的我覺得這就是過於重視形式而缺少效率，於是宣布：「從現在起，進局長室敲完門，先探頭看看裡面有沒有客人，如果只有我在，請直接進來，不需要在門口等我回應。」即便是現在的立法院副院長辦公室，我也是如此規定。

另一件令我為難的事，那時會接到不同民代來電的人事請託。

民代要我幫忙安排工作或是優先升遷某某。此種風氣存在已久，我知道要挑戰社會約定成俗的風氣極為困難，所以我決定另闢戰場，只保留極小部分來面對政治上必然要妥協的不得已，其餘的我想用自己的方法來為國舉才。因為如果職位與升遷只是比誰的後台硬，有害團隊士氣與績效，對國家而言並非好事。

我想了想，告訴民政局所有同仁：「民政局不大，幾百位同仁而已，大家都認識，局長視大家都是自己人。議員很忙，日後想升遷不用再去拜託外人，直接來找我。如果想升遷，請寫一份自傳以及想應徵的職務，同時告訴我，若你在此位置上，你認為自己可以做什麼，再加上我親自面談，只要符合資格，將來有適合的職缺，我從中挑選，優先任用。」

但，一開始同仁們都在觀望，我連一封自傳都沒收到。納悶之餘，問了課長才知曉，同仁都認為這是紙上談兵，根本不可能。我想了一個方法，請課長幫我詢問哪些同仁有升遷意願，且工作表現頗佳，鼓勵他們寫自傳給我。

終於，有零零星星的自傳來了。我一個一個親自面談，並再找這幾人的主管詢問他們平日的表現，慎重而完整記錄。布達新制度後的第一次人事出缺，我從這份名單裡挑選最適人選升遷。自此之後，自傳如雪片般飛來。大家開始相信我是玩真的。

期間發生一個插曲。有位升上主任的同仁來找我。剛坐下來，尚未開口，眼淚便撲簌簌落下，對方年紀長我許多，我嚇到連忙起身安撫：「您有什麼困難，儘管說出來。」

待她心情平復些，對我說：「局長，我原本以為這輩子與戶政事務所主任無緣。我不認識議員，也沒有重量級的人脈。你叫我們寫自傳時，我覺得不太可能有這種事，所以一開始不想寫，之後課長拜託我寫，沒想到竟然美夢成真，要不是局長，升遷怎麼可能輪得到我？」

權力其實是一種外掛

她講的這番話，當下我深深感覺到，若能好好善用權力，這世界會因為對的起點而改變一些不公平的事。

不過，議員的電話與人事推薦信還是一直來，部分見到沒下文的，便找上我的頂頭上司——縣長。

廖永來縣長碰到我，問起這件事。我向他解釋原委與報告新做法，「我知道現實會面臨很大的壓力，但若現在調整回去，以後就更不可能做了。」我理解新制度要成功，需要最高領導者的支持。

廖縣長聽完，拍拍我的肩：「我只是想知道來龍去脈，不用擔心，放手去做對的事吧！我會挺你。」這是我至今感念、也敬佩廖永來縣長的原因之一。

升遷新制實施後，明顯感受到士氣變高昂，接著，我開始在民政局推動或強化一連串的戶政小革新。例如：制定服務的SOP、戶政志工的招募、為來辦事的民眾奉茶……在那個公務體系尚未有服務意識的年代，這些小革新果然讓民眾立刻「有感」，民政局的服務滿意度提升到近百分之九十九，創下新高。

不過，我在當局長時，年輕不知天高地厚，不懂得處事圓融，直來直往，記得我曾跟電話那頭的某位重量級民代爭執（忘了吵架原因），對方不客氣開罵：「少年人，政治代誌不是你想的這款，你根本不知影。」我直嗆：「我以後沒有要出來選，我嘸信道你這套。」

真正的人生是從意外開始，沒料到自己會走上立委的政途，這段對話對方不一定記得，但至今仍讓我耿耿於懷欠對方一個道歉。凡走過必留下痕跡，我學到別把話說的太滿，就算往事如煙，還是會留在自己的記憶裡。

我後來有很多的反省。三十二歲到三十四歲的低潮人生（局長下台、失業），直截了當使我理解了人民的權力說收回就收回，所以要習慣把權力當成外掛。有些人是來結交民政局長，跟你的權力與頭銜做朋友，不是跟你做朋友。

是否在權力得失之間學到謙遜？我不敢肯定，能確定的是從實際失敗體會到過日子就是你每天面對的生活。當然也有人更加渴望對名利的追求，不過那太虛幻。我很幸運，選舉之前有機會省思到名利與權勢不是人生的DNA。事實上，我保持隨時會落選的覺知，心若如是想，失落感就不會那麼強烈，也不容易困在權力的監牢裡。

我不想在此舉例被困在權力監牢的下場是什麼？那是個人選擇。但，於我而言這樣想很實際，至少對自己坦白，不會造成過多不合現實的期待，也不會濫用權力。這種體悟也不是經歷後馬上成形，是過了四十漸漸成熟，才能自虛幻抽離，我也形成一套蔡氏的交友哲學——總會問自己，這位朋友是喜歡蔡其昌或蔡其昌名片上的頭銜？時間會證明一切。

「池子」理論

不管在什麼位子，我喜歡結交五湖四海朋友的個性沒變過，所以朋友很多。後來，領悟出「池子」理論，朋友就像魚群，你放什麼樣的魚飼料，就游進來哪些魚。

人有百種。若你是想賺錢的民代，游進來的魚都是想來利益交換的；若你是關心文化藝術的民代，你身旁就會被文化人圍繞。我盡量與人為善，所以我的池子什麼魚都有，但我不喜歡凡事計算、一副做買賣姿態的人，因為這種人會讓我陷入麻煩，而且依我的經驗，他們只和頭銜做朋友，這是有過失敗經驗的我，能夠深刻體會的。

換句話說，你釋放什麼訊息，就吸引什麼樣的人來。你一直釋放自己是副院長，想結交副院長當朋友的人就會來，當你不是副院長了，他們就去結交下一個副院長。你一直釋放你是蔡其昌，喜歡蔡其昌的朋友就會來。

另外，從立委當選開始，有些運作事項會變動，只有「與民有約」時間至今不曾變動。因為它讓需要我的鄉親可以找到我，更重要的，透過「與民有約」，我可以接觸社會基層的脈動，聽到他們的聲音。

雖然，我在臉書上收到的網路陳情案已遠遠超過實體店面（服務處）的陳情案，但除了出國或有極為重要會議，十幾年來，我固定星期六會去服務處。助理會預告我何時到達，想找我的人就會先去服務處領「號碼牌」。

與民有約時，有八成是不認識或不熟悉的人。如果年輕時念的理論是對的，濟弱扶傾、為弱勢服務是作為民代該具備的基因，那麼，我認為不管再怎麼忙，至少要保留時間讓有需要的人知道可以找到我。畢竟，面對面的眼神交流，無法被網路對話直接取代。

每逢週六，服務處的人群只有「滿」與「非常滿」的差別。當決心成為立委，要有自覺假日不是用來休息，而是服務鄉親。

我的心情一直都是如此。

第二部

平凡但不要平庸

能夠了解自己的人是幸運的。
學會跟自己好好相處，
找到行走於世的底氣，盡責活著。
我們可以平凡，事實上，平凡的人是幸福的。
但不要平庸，因為那會讓人失去創造可能性的自由。

之六　自知者明

大學，是我人生很重要的轉捩點——學會跟自己好好相處，跟不帥的外表好好相處，跟我的瞇瞇眼好好相處。

一直到考上東海大學歷史系，我才離開清水的家。

帶來歡笑的人

新生訓練的三天，比起班上大部分人生地不熟的同學，我作為在地人，自覺有義務招呼，能幫大家做的，就主動攬來做（或許可看出骨子裡喜歡服務眾人的潛質）。最後一天，學長要我們選班代，我看見有位同學舉手，表示他自願擔任。

正當心想真不錯耶，有這麼熱心的同學，突然聽到有人喊出：「我提名蔡其昌。」於是，學長在黑板寫上我的名字。

當時的感覺其實有點愣住。坦白說，我的個性不是「花蝴蝶」，從小，選班上幹部跟我無緣，只有勉勉強強當過一次事務股長，專門負責收班費。

沒想到，表決結果出爐，全班六十位同學大部分投給我。

「我怎麼變成班代了。」不過，既然被選上，也沒什麼好推辭，覺得自那天起，身上好像被賦予某種神聖的任務——要用最短時間，把來自四面八方的同學凝聚起來。

說也奇怪，我的個性開始變得積極，想方設法加溫全班感情。我點子多，活動執行力快，喜歡相處的氣氛是有趣、好玩的。當你是能帶來歡笑的人，大家自然喜歡你。我從轉系事件感受到。

進東海歷史系就讀前，我就已計劃好升上大二要轉系。

原因是我們家在清水經營一家小成衣廠，家族與我對自己的期待是念企業管理，只是聯考分數不如預期，填不上東海企管系，但東海的校園實在太美了，美到我第一眼就愛上，實在捨不得放棄，左思右想，苦惱不知該怎麼辦。

父母親見我拿不定主意，請教了一些親友。親友建議我，先填一個學系，在大二時再申請轉系，聽到此「解方」，惡劣心情瞬間豁然開朗，覺得這真是兩全齊美的辦法啊，不出一分鐘，便決定填從小特別有興趣的歷史系。

從內向的配角變成外向的核心人物

大一下學期，班導師與全班同學知道我要申請轉到企管系。當時歷史系主任，也是班導師的古鴻廷教授勸我不要轉：「歷史系很適合你啊！」同學們更是七嘴八舌：「你是班代耶，全班感情那麼好，怎麼可以轉系？」見我沒動搖，他們乾脆在課堂上直接表決。

「蔡其昌說要轉系，我們不要他轉系好嗎？不要的人請舉手！」古老師問。

好多隻手都舉起來，我當下很感動，也不捨，但講不出什麼道理的理性，還是戰勝扎扎實實的感性，最後還是決定轉系，但結果失敗。可能有諸多因素，或許是老師與同學的「念力」，或是成績不夠好，也或許是潛意識裡已經動搖。

只是，每當說自己以前內向害羞，同學都笑到岔氣，叫我不要再搞笑了。即便極力保證「沒騙你們，真的是這樣啦」，依然沒人置信。連我自己對於升上大學，個性完全轉變，從內向的配角同學變成外向的焦點人物，忽然顯現領導能耐亦不可思議。

為何有如此變化？嘗試著自我剖析，可能是第一次擁有自由（離家與東海自由學風）；可能終於有了舞台，放飛隱藏版的自己（聽說我的星盤有火象牡羊星群）。總之，我盡量扮演好班代的角色，也活躍於系學會、社團活動和學生運動。到現在，我們班的感情還是很好，持續開同學會，

Line群組上（扣掉僑生全班人數約五十出頭）還有高達近四十位同學互動。

歷史、政治與文學是思考三大軸線

留在歷史領域，愈念愈有興趣。因著歷史學講究的思考、辯證，探索的觸角延伸向政治、文學，日後我發現，歷史、政治與文學是建構我思考的三大軸線。

有理性，也有感性的一面。如果腦海中有大量的歷史年代知識，在滾滾紅塵中，比較能感受人生一瞬、天地無窮之感。眾多歷史「時段」，我愛中國先秦的多元、唐朝的繁華、宋朝的藝文，更對台灣四百年華路藍縷的先人遺跡不忘。若論及思潮，那時偏愛批判資本主義的理論，像左派、新馬克斯主義，還一頭栽進文化霸權的研究。

台灣在一九八七年解嚴之後，被壓抑的民思如春筍破土，社會走向開放、思潮變得多元。一九九一年三月，全台大學生串連，發起野百合學運，我有幸躬逢其盛，也是東海學運幹部之一。雖然個性並非激進份子，但受到社會氛圍、歷史思潮和知識份子良知的影響，覺得就是要站出來，爭取校園民主，為社會弱勢者發聲。

爾後，腦袋裡只裝了國家大事，而忘了原本的我可是一心一意想要念企管學事業經營作為大學第一志願。

因為跨足學運，認識民進黨的一些朋友。當時我們不願意，甚至有點排斥與民進黨接觸，一方面是學運份子有想法、有主體性，我們一點都不想成為政治人物的附庸，再者也怕被抹黑說成是政黨競爭的打手。

真正跟民進黨有較深的連結，應該是大學快畢業前開始參與政治。

那是東海大學生物系教授林俊義競選國大代表，本來只是幫忙助選的小義工，後來升上研究所，參與更深了，後來就無役不與，一群熱血的年輕人到處情義相挺民進黨的候選人。

在東海學運社團人間工作坊的學運幹部，後來有不少人和我一樣走入政治圈，像陳宗彥、史哲、沈發惠、王時思、劉維鈞等現在活躍在政壇的知名人物。

我成長於威權統治的黨國時代，歷史、學運引導出性格裡隱性的叛逆因子，愈被禁止的「黑幕」，那些失落的史實、消失的篇章，我就愈想深入了解，不但念完四年歷史系，還多加了三年半的歷史研究所。

我從台灣史發現，日治時期到戰後台灣文學是斷裂的，使得原本使用日文創作的台灣文學家「失聲」，待他們重新學習國語，一九六〇年代才陸續恢復創作。這個斷裂，並非來自文學的內部，而是外在環境造成，一方面國民政府的語言政策快速禁日語，另一方面隨國民政府撤退來台的作家填補了原有文學界的空缺，而配合國家反共抗俄的反共文學也因運而生。所以，文學並非獨立的社會領域，作品、作家、發行無一不與社會、經濟制度、權力關係深刻糾結。

能了解自己的人是幸運的

最後，我索性以「探究戰後（一九四九～一九五九）台灣文學發展與國家的關係」作為研究論文題目。

文學成為我理解台灣這塊土地發生什麼事情的破口，碰觸文學，有如走在穩定軌道上的星辰，有著運行的規則與道路，也找到身分認同，不至於像飄忽的片葉不知該在哪方土地落下。

我深深覺得，能夠了解自己的人是幸運的，會讓你的生命得到更多，會讓人清楚自己的有限。

自知者明，我很喜歡大學階段發現的蔡其昌。

在東海的八年，找到歷史與文學是一輩子的興趣，也是日後精神生活很大的滋養。同時，收穫了人緣與友誼這對雙胞胎，回想起來，真的是美好而豐富的人生時光。

也因此有了自信，知道不帥的外表也有機會獲得好人緣，瞇瞇眼沒什麼不好，同學說看久了滿討喜，還能拿來自黑「我沒有睡著哦！是眼睛小，不是睡著了！」自娛娛人。

瞇瞇眼，蔡瞇瞇。

五四七三、五世其昌[1]。

您好，我是蔡其昌。

註1：我是其昌的諧音。

之七　行走於世的底氣

阿公與外公是我生命最初始的那塊底氣，若有所謂的遺傳，詩人外公與里長阿公，剛好是各占了我生命一半的文學基因與政治基因。

我不是出身政治世家，但算是文學世家。

回憶詩人外公詹冰

外公筆名詹冰，是台灣現代文學家[1]。讀小學時，課外讀物出現這個名字，回家一問，這個詹冰就是外公詹益川，心裡覺得好奇妙，原來溫文儒雅、喜歡抱我親我的外公竟然這麼偉大。

至今我依稀記得外公的扎人的鬍子。

每次見到我們，就愛把我們攬在懷裡說：「讓阿公嗶一下！」用他的鬍子又親又搔癢，然後發出「嗶」一聲，弄得我們咯咯笑，他自己笑著也很開心。印象中，沒見過外公生氣，連罵人都沒有，他就是這麼溫厚的人。

不過，小時的年初二陪媽媽回苗栗卓蘭的娘家，我都有種過年將要結束的小小不捨。我們住的清水家就在著名的「紫雲巖觀音廟」旁，一開門就是廟的大廣場，年初一到初三，攤販擺滿整條街，變成喧囂的市集，等到我們初四從卓蘭回到清水，市集也沒了。對比起來，外公家的書香味少了清水的熱鬧。

除了詩人的身分，外公還是一位藥劑師，開了自己的西藥房，印象中外公家就是藥櫃和數不清的書櫃。他也是中學的理化老師，因著理科背景，外界尊稱「藥學詩人」。本來，台中一中畢業，想去日本念美術學校，但曾祖父不答應，要他在醫師和藥劑師兩者擇一，他不喜歡當醫師，就選了日本東京明治藥專。畢業後，在日本通過藥劑師考試後回台。

註1：詹冰本名詹益川（一九二一～二〇〇四）。從中學時代界喜愛詩歌而試作新詩。二十八歲參加「銀鈴會」，作品發表在《潮流》。三十四歲任職卓蘭中學，擔任理化老師。四十四歲與吳瀛濤、恆夫、林亨泰、錦連、羅浪、林宗源、白荻、趙天儀、杜國清等發起「笠詩社」。出版的詩集有《綠血球》、《實驗室》以及兒童詩集《太陽‧蝴蝶‧花》。

不過，雖然沒有如願去念喜歡的美術，外公在日本留學時，以新詩創作的才華嶄露頭角，先是一首〈五月〉被知名日本詩人崛口大學推薦，發表於詩誌《若草》，後來的〈在澁民村〉、〈思慕〉等作品也陸續被推薦發表，是受到日本詩壇矚目的新人。

日本戰敗，國民政府禁用日文，外公開始學習中文，是台灣經歷日文轉換到中文，「跨越語言一代」的重要詩人。外公沒有因為自己是文學家，就要我們讀他的作品。我直到大學鑽入人文領域，才開始熟識外公的作品，研究所寫論文才進一步了解他在詩壇地位舉足輕重，是台灣現代詩學的先鋒。

外公作品多棲，有新詩、散文、小說、歌劇、劇本、歌詞、兒童文學，更開創了像日本俳句的十字詩（用中文十個字來寫詩，世界最短的詩），以及結合文字與圖像的圖像詩。

我第一眼看到外公的圖像詩就覺得有趣。比如，他有一首有名的〈山路上的螞蟻〉利用長短直線的排列組合，表現螞蟻搬運食物的樣貌。詩句排列起來，真如密密麻麻的螞蟻：

螞蟻螞蟻螞蟻螞蟻螞蟻螞蟻
　蝗蟲的大腿
螞蟻螞蟻螞蟻螞蟻螞蟻螞蟻
螞蟻螞蟻螞蟻螞蟻螞蟻螞蟻
　蜻蜓的眼睛
螞蟻螞蟻螞蟻螞蟻螞蟻螞蟻
螞蟻螞蟻螞蟻螞蟻螞蟻螞蟻
　蝴蝶的翅膀
螞蟻螞蟻螞蟻螞蟻螞蟻螞蟻

我最喜歡外公的作品，就是〈五月〉：

五月，
透明的血管中，
綠血球在游泳著——。
五月就是這樣的生物。
五月是以裸體走路。
在丘陵，以金毛呼吸。
在曠野，以銀光歌唱。
於是，五月不眠的走路。

經歷二次世界大戰與二二八的外公形容自己選了寫詩這條路，人生很快樂，也知天命。我在想，也是因為對創作的熱情，支持他走過時代的動盪，順利由日文轉換中文，沒有因此消失在文學界。

我曾開玩笑的問外公，為什麼白色恐怖時沒被抓走或被騷擾，有很多知識份子那時沒這麼幸運。外公呵呵笑著說：「可能是因為住在鄉下，來不及抓到我。不過，我還是把家中所有書籍、作品全都埋進土裡，以策安全。」

不知道是不是因為這樣？我認識的外公話不多。現在回想起來，如果他還在世，我一定會多跟他對話，了解文學的外公。

除了文學，我還有一點跟外公雷同，我們都娶到大美女。我的外婆當時是卓蘭第一美人。

晚年，外公仍持續創作，偶而也畫畫，與外婆定居台中，兩人常出國旅遊，我都想稱他為「逍遙詩人」——令人羡慕啊，可以一輩子做著自己喜歡的事。

為鄉里趴趴走的阿公「蔡里長」

不同於詩人外公的靜，我的蔡六阿公動如脫兔。他年輕時生活困苦，以拉馬車收碎銀塊為生，後來轉做內衣和童裝加工，才開了小成衣廠，同時有另一個身分——當了近三十年的里長。

我們家是三代同堂的大家庭，家裡最不缺的就是客人，啊，應該說門庭若市。放學回家，常看到有人來找阿公泡茶，有的是聊天，有的是來找他幫忙。總之，小時覺得阿公的人緣真好，天天有人上門串門子，尊稱他「里長伯」或「六伯」，而我在學校什麼「長」也沒當到。

我常想，自己日後走上立委這條路，要不是遺傳自阿公血液裡的古道熱腸，就是從小看他為鄉里趴趴走的潛移默化。

二〇〇四年，我第一次回到清水選立委。阿公已經過世十多年了，親朋好友幫我助選時，只要提到「這是老里長蔡六的孫子，現在出來選立委，請多多支持。」就會獲得對方很大的善意。

許多街坊鄰居感念阿公，不單是里長身分，而是他為人俠義，常慷慨解囊，為地方造橋鋪路。日後我才得知，某條路是阿公出錢的，某間廟宇也是他出錢出力奔走才建成的；這戶人家說曾受阿公幫助，那戶人家說自己也是。在我上兩代的清水人，只要提到蔡六老里長，大多都會豎起大拇指。

曾任交通部長的蔡堆是清水人也是鄰居，只要是我的選舉，都會來電關心，甚至回清水幫我拉票，原因就是阿公。蔡部長的母親早年在阿公家門口擺攤賣粉圓，平日溫飽已不容易，有時遇上開學註冊，便要煩惱小孩學費有無著落，阿公一知道，馬上拿錢出來幫忙。蔡部長的母親非常感謝阿公，常跟他說「食人一口，還人一斗」，有機會定要回報老里長之恩。

這個故事是蔡部長說給我聽的。我不知有多少個沒聽到的「六伯的事蹟」，但我確切知道第一次選立委，能在本來是國民黨票倉的清水拿下勝選，絕對是因為阿公的好名聲，福報庇蔭到身為孫子的我。連二〇〇八年民進黨全台選情大敗，我在清水開出的總票數也沒輸掉。

清水是傳統派系強大的地方，分為紅黑兩派。其實，阿公與阿媽也是傳統的紅派樁腳，那個時代的派系認同大過於政黨。

阿媽是女強人，持家協助阿公事業有條不紊，還擔任清水婦女會理事長。在那個戒嚴的黨國時代，阿媽總認為家人應該「有耳無嘴」，不要參與政治，可惜她的孫子不但參與政治，還是民進黨。記得阿媽那時幫我發選舉文宣，愛孫心切的她，常勤勞到處走動，甚至光明正大走入「民進黨禁地」的民眾服務站（國民黨地方黨部）放我的文宣。我知道後，問阿媽：「他們不會把妳趕出去哦？」阿媽笑笑對我說：「他們不敢欺負我這個老人家。」我的阿媽是不是很可愛？

重視品格的家庭教育

我是長孫。閩南文化習俗把「大孫當尾子」，即長孫相當於最小的兒子。阿公分家時，除了給四個兒子，也留給我一小塊地。只是它夾在爸爸與叔叔的土地之間，我是無法隨意變賣的（不得不佩服阿公的智慧）。

長孫福利多，長輩相對要求也高，特別是我的父親，他要我遵守的生活教育比起三位妹妹以及其他堂弟妹，可以說是嚴格許多。

一點也不誇張，我小時生活就如朱子治家格言「黎明即起，灑掃庭除，要內外整潔。」的寫照。假日亦沒有例外，沒有睡到自然醒這種美好情節（除非父親到外地出差），如果貪睡賴床，就會被「竹子」叫醒。

打掃也有規矩。比如，掃地要由一個角落開始，幅射狀向外掃。拿抹布擦拭要同一方向，不能擦過去，再擦回來。最痛苦的是，擦家裡神明廳的那幾張太師椅，擦完椅子表面後，要拿筆清潔雕刻鏤空的細微處灰塵。抹布不能亂擰，要摺成四分之一大小，開口朝自己，用髒時把最上折往外翻至背面，換乾淨的面繼續擦，使用完把抹布包起來，放入水桶洗淨之前，先在上方抖掉灰塵。關於清潔工作，我可以算是「半專業」人士。

我們的家庭教育不教功課，但教品格。

因成績不好被打，都是在學校。在家裡，頂多就是成績若差到讓媽媽理智線斷裂，才會火大念我：「怎麼可以考那麼爛？」外公家可是書香世家啊，媽媽是外公的二女兒，算是名門閨秀。其實，她也滿辛苦的，嫁到大家族，又是長媳，上下要顧全的「眉角」多，有時受委屈只能暗自垂淚。

所以，生於大家庭，我從小對人際之間的不同面向有著不少體會，在成長過程中，培養出察言觀色的能力。關於這一點，我挺有自信。

大家庭的三餐都是一群人。每次用膳前，我們會被要求去請阿公、阿媽與工廠師傅來吃飯。飯桌上，小孩要先跟長輩問安：「阿公、阿媽，請呷飯。」再來，也要跟包括師傅的所有長輩問好，然後才能端坐，雙手端碗，雙肘不得靠桌以碗就口，開動。平日見到來家中的阿公與父親的朋友，忘了打招呼的下場，就是去神明廳罰跪。

阿公不喜歡子孫賭博，唯一例外，就是吃完年夜飯會開放讓大家試手氣。他會先發過年紅包，再由他坐莊，孫子輩的要是賭輸哭鬧，阿公都會將賭資還給我們，並告誡不可以去外面賭博：「輸錢很難過，所以不賭就不會輸。」我常想，這或許是阿公教育子孫的方法。但不管如何，大年夜家族團聚的溫度、歡樂，至今我仍回味其中。每年這個時候，大人小孩全圍成一圈，聚在賭桌旁，玩的人緊張，看的人刺激，熱鬧滾滾，笑聲不斷。

或許自幼所受的影響，我對小孩的學業成績也沒太要求，但跟阿公與父親一樣，很重視孩子的品格教養。我希望他們成為善良、正直、負責任的人，我會跟他們說，爸爸小時成績雖然沒有太好，至少是盡本分的學生。

清水永遠是內心的柔軟之地

清水的記憶是美好的，城鎮每寸土地都有小時玩耍的痕跡。我們那時沒有手機、電動玩具，甚至電視台只有三家，也不是全天播出，所以都不是待在家裡，而是整天往外跑，一群人到處晃，玩樂於大自然中。

玩具大部分是廢物利用。例如，廢棄的黃色打包帶，先用橡皮筋捆束，再泡熱水就變成迴力圈；使用過的免洗筷，可做成發射橡皮筋的槍；踢罐子遊戲，只需一個喝完的飲料罐，就可以玩一下午。遊戲也是就地取材，跳格子的線不是用粉筆，是隨手拿地上的破碎紅磚頭作畫。

男孩們喜歡聚在一起打棒球，直接從家裡拿廢報紙做成手套，工地撿來的廢木棍當球棒，再撿磚塊或大石頭當作四個壘包，照樣玩得不亦樂乎，而且「球場」非常的大，因為馬路都是我們的球場。

整個清水也是我們的遊樂場。還記得有次玩躲貓貓，不知是誰提議的，輸的人要走去清水小學，去程要半小時，等那位玩伴走回來已是一小時後的事了。廣場上的小朋友早就一哄而散，回家吃飯。

歲月扎根的老城鎮，保有傳統習俗。每逢過節，我們都盡量依循舊例而行，尤其是清明節，大部分親戚都會回到清水老宅，祭祖掃墓，全家族一起包潤餅。我希望孩子們多一點機會，連結他們父親的最甜蜜溫暖的記憶。

我跟太太說，因為兒時最美好的部分都在這裡，清水是我永遠的家。

我非常喜歡旅行，喜歡看藝術、看美景，吃異國料理並體驗不同文化經驗。我應該不是戀家的人，但擔任立委，需要長時間在台北開會，很多時候是夜宿這個繁華都市，我總會在不專注的剎那，想到台中、想到故鄉、想打電話給家人，沒有傷感，只是想多一點踏實。

童年鄉土，如如常在，午夜夢迴，暖暖如昔。

之八　二刀流

大部分的人是平凡人，我也是。平凡有個好處，就是覺得自己沒什麼，因為沒什麼，就有機會測試自己還有多大的潛能，能有多高的成長，因為我們不是一開始就站在峰頂。

我認為除了努力，要有足夠的幸運，才能像我外公一樣，大半人生時光做的都是自己喜歡的文學創作，還因此留下永垂的作品。

我真的很喜歡從政嗎？某些時候不完全是。

有時忙到自我都快不見了，明明電力耗盡，還是需要出席「跑攤」行程；有時得做正確但骨子裡不是很喜歡的事，比如砲轟。

當發言人時，我被外界稱作民進黨的小鋼砲、轟炸機，不過，私下的我與人相處並非如此。大家都稱讚我有好口才，如果可能，我希望口才是用來讓人覺得幽默風趣，而不是非得要「猙獰」示人，但要展現砲轟火力，表情是不可能好看的，但是，我在那個位置上必須扮演此種角色。

那時的我必須投打兼具。每天早上要開記者會，下午常要參加政論節目，所以要能看準對手的風向球，打擊出去；也要能夠投出好球，才能幫從谷底爬升的民進黨爭取認同度。在黨部的工作比較像是救援投手，到了地方選舉，就要變成好的打擊手，全壘打可遇不可求，所以更要磨練本事，力求支支安打，才能回本壘得分。

日本職棒稱同時具有投球與打擊能力的選手為「二刀流」。這個名詞源自於武士劍術，指雙手並用武器的攻守之術。於我，從政是一種緣分，走到了，就順勢而為。路上的風景，如看四季的轉換，春去秋來，但也有春華秋實。一個人的機運，一生的命與運，所謂的因緣際會，就我來看，先決條件是不能讓自己變成平庸之輩。這個道理很多人都懂，否則不會有那麼多談競爭力與趨勢的書了。

我後來理解到一個道理，人要培養自己，成為二刀流。存著這樣的本心，會讓一個平凡人一點一點與昨日的自己拉開，總有一個時刻，這拉開的距離會大到讓因緣際會發生。因為刀鋒可能會鈍，甚或不堪使用。

如果翻開我的履歷表，當立委之後，學歷那欄，除了原本的東海歷史碩士，又多了中興大學EMBA財金組碩士，以及中興財金所博士班。

加強財金專業，學習不同的思維

我為何要念第二個碩士？

有兩個原因。一是曾經擔任工策會總幹事，面對被馬克斯駁斥的資本主義由紙本躍出，那時的我對於商業運作是陌生的，一邊學中小企業的語言，一邊解決各種問題，現學現賣，雖然接觸第一手資訊，還是缺乏能更深入理解商業模式的系統思考。

二是二〇〇四年，選上第六屆立委之後，民進黨都是法政人才，較缺財經專業，在政黨競爭中，老是被對手政黨嘲笑。

立法院設有常設委員會與特種委員會，每屆有六個會期，每一個會期立委都要選填委員會。第一次當立委的第一個會期，心想我的背景實在太適合「教育及文化」委員會，誰知它超級大熱門，也跟不少立委所學相關。後來，我被分配到財政委員會，當時蔡英文是不分區立委，跟我同屬財委會，我們常被黨團分配一起「顧場」，為政策辯護。

她其實沒有外表那麼冷，有時候只是不擅長表達內心的情感。她的溫暖不是傳統政給人物那種艷陽高照，深怕別人無法感受到熱情，她比較像冬日的太陽，溫煦、不張揚，是舒服、妥適的溫度，因而與她培養出默契與深厚交情。

由於同姓，她在參加我的選舉造勢場合介紹我時，會開玩笑說：「蔡其昌是我弟弟，雖然長的很不像。」我們私下的相處也很輕鬆，後來蔡英文擔任民進黨主席，找我當發言人，我們常需交換與溝通想法，晚上，我常是一手跟她講電話，一手抱著剛出生不久的兒子，當她聽到傳來小孩哭聲時，就會催我快掛電話，要我這位奶爸趕緊去餵奶。

雖然我在財委會很認真問政，但總覺得非科班出身，加上那時民進黨被批評專業財經人才太少，我聽了很不服氣，奠定要念金融研究所的念頭，於是就報考中興大學ＥＭＢＡ財務金融組，二〇〇八年畢業那年，我競選連任失利，覺得財務金融愈念愈有趣，就再考進中興大學財金所博士班。

也因此，能深入理解財務金融領域的相關法案與案件。像二〇一二年轟動一時的「盈正案」（當時政府基金被不肖經理人坑殺吃了大虧），因為財務金融背景，我一注意到此案，便立刻在立法院提出質詢，引起社會關注。

我因為喜歡學習新領域的事物，在不經意間，多了一種專業。從人文領域到財經，有朋友笑稱，這也是另一種「二刀流」，他們總認為這兩種思維有許多矛盾和差異，但用武俠小說比喻，我認為「天下武學萬流歸宗」，一切的學問都在解決人類的問題，只是每一種學問提供不同的思考方法，且互助補足了對方的缺陷。

例如，大眾運輸系統的興建，純財務的預估與計算，或許是賠錢貨，但站在人文關懷的思維，卻較符合社會公平，能解決城鄉差距。所以，決策者如何在這中間取得平衡，端看決策者如何運用不同學問比例，或者，想出創新的解決模式，那是決策者融會貫通古今學問後的新發現，但那要像「張三豐」這樣的武林大師才做得到。

之九　有許多種第一名

我從沒拿過學業第一名，大學還考了兩次。也不是說不用功念書，就是那種「有聽沒有懂」的狀態，而是到高三下學期，念書才完全開竅。

所有學科裡，因為對歷史地理、國文有興趣，成績相對好，但數學與理化爛死了。在五十多個人的班上，成績排名大約都落在第二十五名到第三十名。

到了高三下學期，大學聯考前，忽然之間覺得過去困難的學科，突然變得「平易近人」，只要弄懂它們的邏輯，就能變通。不過明白得太晚，雖然聯考成績排名全班第五名，也是我高中三年來最佳成績，但，那年班上也只有三位考上大學。

排名中間的人

其實，我的總分有達最低錄取標準，但英文與數學兩科成績要加權計分，就落榜了，只能到台中市補習班報到。高四班的日子因為對念書開竅，考試變得不難，如魚得水。後來念財金所，發現除了人文之外的另一個一世界，甚至覺得數學也提供了人生許多解答，挺有趣的，實在無法理解以前的自己為何那麼排斥數學，爛了那麼多年？

聯考前，我很有自信跟母親說，這次不用擔心，一定考上國立大學。

事實上，在那個年代，清水高中歷年考上國立大學屈指可數。為了表示決心，補習班給我們的大學志願錄取分數總覽表，我還裁掉私立大學的部分，只把國立大學的名單貼在房間牆上，展現我的自信與決心。

沒想到，表現失常，算一算分數，落點最好的學校只能上東海。不過，成績也沒好到能填企管系，退而求其次選了歷史系，也才有走上政途的後話。對台灣的認識，就是在東海念書的那幾年，讀了大量書籍、歷史文獻，參加了讀書會，一點一點的拚組起來。

成了政治人物後，時有機會參加國中小學畢業典禮。

我總喜歡分享自己的親身故事給那些小朋友。

「從國小到高中的畢業典禮，我跟大部分的同學一樣，跟領獎無緣，都是在台下呆坐整場。畢業後，我們班拿市長獎的同學，後來成了一名很厲害的醫師，開刀技術一流。成績最後一名的同學後來去念了技職學校，開了小工廠，由於技術精良，訂單不斷，現在是上市公司的大老闆，成了班上最有錢的人。那成績排名中間的人呢？未來怎麼辦？」

生命中可以有很多的第一

我停頓一下，故意賣關子，環視台下興趣盎然的小朋友，再說出答案：「別擔心！排名中間的人，可以當立法院副院長。」全場哄堂大笑。

我跟他們說，生命當中可以有很多的第一。有的人是學業第一，有的人是孝順第一，有的人是體育第一，有的人是畫畫第一，有的人是品格第一……，只要願意努力，我們都可以在某個領域做第一。

這是我的肺腑之言。華人社會對於第一名的論述，走過被升學主義剝奪過青春期的大人都知道，那是一種需要被改變的荒謬，學業怎麼能代表一個孩子的一切？

「等我長大了，絕對不會這樣對下一代。」有多少人曾在不舒爽的青春期這樣說過。然而，長大了後，有多少父母能真正做到「你的孩子不是你的孩子」，尊重個體的發展，理解有許多種的第一名。

有了小孩後，我也是這樣跟他們說。雖然工作忙，但我回家盡可能陪他們說話，尊重他們的興趣。像兒子喜歡打鼓，偶像是五月天，我就跟著他學五月天的歌，一起去看演唱會。

多虧平日與兒子聽偶像的歌，二〇一九年新春公益音樂會，蘇嘉全院長希望委員盡量上台表演，由我與行政院副院長陳其邁打頭陣，就是合唱五月天的〈倔強〉。唱完，我取兩人名字的中間「其」字，戲稱我們是「霜淇淋」二重唱，但當天我們歌聲實在「太抱歉」，希望五月天的歌迷多體諒。

我喜歡這首歌的歌詞：

當我和世界不一樣，那就讓我不一樣，
堅持對我來說，就是以剛克剛，
我如果對自己妥協，如果對自己說謊，
即使別人原諒，我也不能原諒……
逆風的方向，更適合飛翔……。

接受不一樣，代表社會能夠發展多元的可能，而堅持努力，就可能成為第一。

如果可能，我最想要孩子們拿到負責第一名和閱讀第一名。

負責，人生會圓滿，閱讀則讓人生充滿想像。

在海線創立繪本館——海灣繪本館

我一直有個心願，想在海線創立一個繪本館，二〇一七年，努力奔走多時之後，「海灣繪本館」終於在清水眷村文化園區開幕。這是一個讓海線大小朋友們可以看繪本、說故事、玩手作的地方。我們找了許多在地文化工作者、年輕朋友一起來參與，像台中教育大學教授顏名宏負責空間設計改造；知名繪本家玉米辰（陳旻昱）展出作品，同時兼任館長；張麗娜負責初期營運，吳念真、謝震武、林志玲也發文推薦。

我很喜歡這處閱讀基地，它保留眷村老舊建築主體與戶外草皮。外牆上繪製了藝術家盧政憲創作的跳躍大翅鯨，一眼即可見。這頭彩色大翅鯨是俯瞰台灣的意象，從大安溪、大甲溪到大肚溪，海灣間環流波動連綿的田地丘陵，就像拍浪的巨大翅鯨，台中港北堤正好是胸鰭。

其實，清水連接大安一帶的沙洲過去是鯨魚繁殖期生養之地，古稱清水為「海翁窟」，海翁是鯨魚的閩南語。台灣又是座島嶼，用大翅鯨來象徵海線的精神意涵實為貼切。

館內有許多繪本，除了閱讀區之外，規劃了四個主題室，定期策展。在設計上，也把閱讀延伸至空間，天花板上有著雲朵大翅鯨，也有由壁畫繪本飛出的千百隻雪白蝴蝶，轉角處有著與人一樣高的立體繪本，還有親子手作、講座活動、主題展覽、交流書席的室內外空間。海線盼望多年，終於有了讓人能遠離塵囂、自在徜徉的閱讀場域。

為什麼是繪本館？因為覺得繪本的世界能啟發更多想像。我希望台灣的孩子就像海洋一樣，包容萬物，有著逐夢的勇氣和落實夢想的毅力。

不過，仔細想想，或許讓更多的大人們能夠真心欣賞「有許多種的第一名」，好像是更為迫切的事。

之十　活著就要盡責

有人問我，要喜歡你正在做的事，還是做你喜歡的事？

理想上，我們期待能隨心所欲，只是大多數的人無法如此。人活在這世上，有許多事無法自己決定，我們無法隨時隨地都隨心所欲，世界上也沒有那麼好的事，大部分的人也不是這麼幸福。

從跨界到斜槓——先試才知道

「要喜歡你正在做的事，還是做你喜歡的事」這問題對我來說，兩者並不總是衝突——我們可以在有限的抉擇裡去選擇你喜歡的。

比如，我們可以決定今天早餐要吃什麼。比如，就算現在不太喜歡自己正在做的事，還是可以去發展喜歡的事。就像從前說跨界T型人、具兩種專業π型人，以及現在流行的多種身分斜槓人「／」。

有些事一開始說不上喜歡，只要不是太排斥，建議給自己嘗試的機會，究竟是喜歡了才去接觸，或是接觸了發現自己喜歡，其實很難區隔的那麼清楚。

而且，不去試試，怎麼就能篤定的說自己不喜歡？說不定本來不喜歡的，做久了領略其中精髓，有成就感後變得喜歡。一見鍾情，與日久生情，都是情。

我是個悲觀主義者，所以非常珍惜樂觀的各種可能，因為悲觀，你必須學會珍惜樂觀的當下，正如人必然一死，生才有意義，由於知道人生是苦，樂時更能感恩領受。

心理學上有一種意義療法，認為能夠負責是人類存在最重要的本質，因而，要問生命的意義時應該顛倒過來，不是此人去問生命的意義，而是他本身才是被生命詢問的對象，每一個人只能用自己的生命來回答意義的問題。也就是說，人只有透過負責才能答覆生命存在的意義。

接受責任，享受過程

為了實踐生命的意義，投注了多少的心血，就能有多少程度的自我實現。這不是我說的，是意義治療大師，神經暨精神病學教授法蘭可（Viktor E. Frankl）說的。

我過往的人生總是在滿足他人對我的期待，成就每個人對我的期待，我認為完成這些就是我的責任。

我很不浪漫的把責任當成人生夢想，覺得人生是來完成很多、很多責任，作為子女，我有子女應盡的負任；作為父母也有應盡之責；為人夫、為人朋友、為民意代表，都有該負之責，盡量不要讓別人對我的期待落空。這個「別人」當然是我在乎的人。不在乎的人，比方你的敵人，不用太放心上，否則為難自己。

不過，還是有很多的「別人」，我這種人生觀，也讓我付出很大的代價。我曾經為了滿足大家，搞的自我與個性都不見了，有些興趣與休閒喜好，也在生命裡不見了。

舉個例子吧。大學時期喜歡和哥兒們打麻將，現在沒時間。出國旅行，以前可以去賭場試試手氣，當立委後，經過也不好意思進去，因為顧及社會對政治人物的期待。單身時，睡前喜歡閱讀，有了小孩，變成床邊說話時光，因為這是爸爸該做的事情。

當扮演的角色愈多，尤其又有要顧及公眾形象的角色，無須隱瞞，我也曾認真思考過，為什麼人要照著大家的意思去做？一邊是做自己，一邊是無我的和諧，有一陣子，我的內心充滿衝突與矛盾心情。

我絕對不會把自己描述的有多超脫或老僧入定，或是透過什麼蔡氏心得悟道，從此完美平衡……，面對苦與樂我追求是一種動態平衡，為了達成平衡，專注認真對待過程就成了必需。我還是會有心煩的時候，很疲累的時候，好不容易偷得半日閒，回家睡了一覺起來，舒坦了，但休息時間長了，又不自覺焦慮，咦，怎麼可以沒有婚喪喜慶、服務選民、地方會勘、解決問題的行程，我好浪費生命與時間啊，我應該像戰士一樣，奮鬥不懈，才能無愧滿足選民期待，這種心情反覆時常出現。

套句尼采的智慧之言：「參透為何，接受如何（He who has a why to live for can bear almost any how.）。」

如果你的人生有夢想，你也應該知道，人無法一直隨心所欲，所以只要有一點點的順風順水，就會珍惜此時如意，也充分享受每個角色的限制。

你也應該知道有結果固然重要，其實更該珍惜的是追尋的過程。如果能享受過程，可以拉長愉悅的時間，而不是只有成功那刻才值得歡欣。

活著就是要盡責，享受這個過程，盡責的活著。

之十一　要會寫情書哦

我的人生有一件極為幸運的事——娶到我太太黃玉廷。

年少時，家裡長輩曾找高人幫我們這一代算命。那人說，若我二十九歲沒結婚，姻緣要等三十四歲之後。說來真巧，二十九歲那年，結束一段感情，沒結婚，真的是在三十四歲後遇上真命天女。

脫單妙招學起來

二〇〇三年那年，突然很想結婚。那時，我星期一到星期四在台北的邱太三國會辦公室，星期五到靜宜大學教書，週末在台中跑選民服務。身邊連個心儀對象都沒有，於是昭告天下：「我想結婚了，我想定下來，我想以結婚為前提找一位伴侶。」這招很有用，想脫單的人不要害羞，可以學學。

然後，就有很多熱心的長輩與朋友開始幫我介紹。我真心肯定相親這種社交，很有效率，因為雙方的目標一致，都是想結婚。

大家知道我忙，只要是幫我介紹的聚會，就會多約幾位單身女性，大家一起聊比較不會有初見的尷尬。我是很有禮貌的人，我會跟每一個人對話，絕對不會冷落誰。也不會因為誰比較出色，就只聚焦在那位身上。

總之，二〇〇三是瘋狂相親年。有幾位也成為聊的來的朋友，只是少了怦然心動，總覺得怎麼跟學生時代交女友的感覺大不相同？遲遲未採取行動，追求對象。

但，又真的很想結婚，自我說服可能是年齡增長，對愛情的感受也不同。正當天人交戰之際，二〇〇三年年底，我在台中的一場公開活動，遇到了玉廷的媽媽，就是我未來的岳母，她是公務人員，我們兩人算是舊同事，一看到我，她熱情打招呼：「局長，好久不見！那邊是我先生與女兒。」

她指向一位勾著爸爸的手向我們走來的大眼美女，那是我第一次見到我太太，有點觸電的感覺。

「有某嘛有票」

「哇！這位女生好美！」心裡偷偷讚嘆著。不過，因為要趕去下個行程，無法多聊，只好約了下次有機會再敘舊。

二〇〇四年，春天與愛情一同前來。我那時在拚民進黨立法委員黨內初選提名，雖然離大選言之過早，還是約了岳母，以登門拜票為名，實則是想見佳人。日後，我開玩笑的說，當時抱著「嘸某嘛有票」的心，沒想到老天厚愛，最後是「有某嘛有票」。

我到時，她還沒起床。先跟她媽媽聊了一會，提到女兒想換工作，問我可不可以介紹工作？我回答：「有啊！選舉團隊剛好有缺人。」

「我叫她下來講好了。」可能是被媽媽硬生生挖起床，她下樓時的表情……呃，不太想理人，但還是掛著有禮的微笑。

我們交往後，她才跟我說，那天早上莫名其妙被吵醒，要見一位前任局長，原本以為要見一個老頭，沒料到是一位年輕人（事實上我大她七歲），所以也沒梳妝打扮就下樓了（我覺得她素顏也很美，不是狗腿哦）。

閒聊之中，知道她曾是空服員，後來轉任金融業，她直言，對政治沒興趣，也就是選舉團隊的職缺被打槍了。我急中生智，想到財團法人春雨文教基金會的行政職，春雨是廖永來縣長在一九九八年，為了推動本土文化教育與社區改造而成立，二〇〇三年，邱太三接下董事長，由我擔任執行長，當年我們創辦了「春雨台灣新青年領袖營」的活動，希望能培養下一世代的領袖人才。其實，春雨文教基金會的工作也跟政治有關，不過，她沒反對，過了一陣子就來報到。

只是，我們就變成長官與部屬的關係，我也不好出手。

總不能一直暗戀吧。於是白天跑行程，晚上寫電子郵件給她，第一封寫的全是公事，第二封就加一行私事，第三封再加一行……私事一天比一天多一行。她會回我，但很短，就一兩句，那時不知道她對我的感覺，寫了幾十封後，我決定問她要不要共進晚餐？她回「ＯＫ！」，我知道情書攻略奏效了！但，還是要告白被接受才算成功。

當天吃飯，我直接向她告白，自那天起，我們的關係正式「升級」為男女朋友。其實，周遭人都知道我想追她啦，包括利老大（利錦祥）。所以，我說追女朋友一定要會寫情書哦，能加分不少，平凡如我，還是能追到心儀佳人。從另一個角度，她也是有深度的女生，能看見曖曖內含光的我。

記得是進入夏天時，開始寫情書，秋天，我就去她家提親了，跟我的競選總部成立同一天。

那是立委三年任期的年代。我從國會助理直接參選立委，一張白紙的政治素人，早上成立競選總部，陳菊等政壇前輩來幫我站台，造勢活動結束後，我請陳菊陪我去提親，一群人浩浩蕩蕩，岳母一看到陳菊來了，立刻點頭答應這門婚事。我們的關係又在秋天「升級」為未婚夫妻——先訂婚，等選舉後再完婚。

多了一位美女助選員

那年台中縣有十一席立委，共有二十二個參選人，畢竟我是新人，那時也沒什麼網路民情可以參考，民調也不像今日這麼成熟。一直到開票結果出來前都很忐忑，沒那麼篤定，若真要憑什麼覺得有機會，應該就是年輕人的信念與信心吧。幸好，我的票數排名第九位，民進黨那年選上四席。

至此，我多了一位美女助選員。

投票日之前的幾週，她會主動揹著我的彩帶，幫我掃街拜票，挨家挨戶握手，很多街坊鄰居看到她，就眉開眼笑，稱讚她甜美、氣質又好，後來，還有不少人跟我說：「如果你很忙就不用來，太太來就好！」人氣指數比我還高。

她低調樸實，不喜歡政治活動，喜歡自在生活。我也不會勉強她一定要陪我出席宴會，完全尊重她的意願。但只要我的競舉期一到，她就會主動出來幫我掃街拜票。

我長年投身政壇，家裡大小事幾乎都是她在張羅，她為了讓孩子能夠有正常成長與學習的環境，盡可能避免讓孩子的同學知道我的身分，更堅持孩子就讀的學校要避開我的選區，也因此她必須辛苦的母兼父職。雖然她也懷念年輕時能一個人自由去國外旅行，卻為了守護家人，收起想飛的翅膀。

她不但是我太太，我政治工作最大的支持者，還是三個孩子們的媽。

謝謝親愛的她，從我參選立委的第一天，就陪在我身旁。

之十二　健康很重要

我自認滿適合上那種「變身改造」的節目。改造不是整型，改造是重新認識自己，接受自己，發現自己真正的需求。

我是易胖體質，從小胖到大，國中時體重就跟成人一樣，外表看起來是呆呆的小胖子，上了高中，長高也增重，出了社會，應酬也多，體重不曾低於八十公斤。一直到三十多歲時，年紀輕輕身體就開始抗議，那裡痠痛，這兒痠痛，健康檢查「紅字」一堆，這是在縣府上班壓力大，下班應酬多，偶而還要陪喝兩杯所產生的後遺症，不得不正視健康這件事。

三十三歲時，我決心戒酒，開始運動，也學著雖然忙碌但不累積壓力。政治人物可以不喝酒嗎？我的經驗是「絕對可以」。但，不喝就是不喝，不可以有時喝，有時不喝，因為選民會覺得你大小眼，這是大忌。我常告訴鄉親，我不喝酒，是因為工作太忙，你們要我解決的問題太多，我沒有空醉，若要我喝酒又不能喝醉，光喝酒多麼無聊，久而久之，他們就不叫我喝了，也習慣我是不喝酒的民意代表。

勤練皮拉提斯，學會「少即是多」

年輕時，也想過把自己體態弄好看一點，但沒有恆心，不得其門而入。後來，有位朋友建議我去學皮拉提斯，才認識所謂的核心肌群。初期是為了想解決瘦痛問題，沒想到，練了皮拉提斯以及簡單重訓，體態也跟著調整。

小時候因為胖，會有自卑感，也會因為自己外表不出眾，而自信受損。隨著年紀增長，我的審美觀開始轉變，這轉變起於重新檢視自己，我要的是什麼？高帥真的會得到更多人的尊重？濃眉大眼和成就真的有正相關？我的經驗告訴我，努力和機運才是人生成敗的關鍵要素。這些外在的美醜，就追求生命的完整而言，實在比例太低，例如帥哥、美女，並不能保證婚姻幸福。

我開始更理解自己要什麼，適合什麼。美醜是主觀的，容易受主流社會的影響，發現且發展自己的特色，才是找到自我的不二法門。因此，我開始瘋狂喜歡我的瞇瞇眼。因為，我認為這是我最大的特色。我喜歡問別人：「你見過眼睛比我小的政治人物嗎？」比起以前自卑的年代，我的體重並沒有減輕多少，但追求健康、持續性的運動，卻可以讓體態變好；找到適合你的顏色、款式，保持精神奕奕，微笑對人，不吝嗇散發你的熱情，我相信這就是「型男」的定義。

四十多歲後，愈來愈喜歡「少即是多（Less is more）」哲學。少（less）與多（more）的相對概念很有趣，有時可以用來提醒自己，像是少點匆忙，多點愛（Less haste, more love）或是少說多學（Talk less, learn more），少吃多動（Eat less, move more）。

中年添女，體認健康無價

我不是工作狂，但我的工作不分假日。對得起選民的政治人物，心裡是虧欠家人的，他們無法像正常家庭那樣，扮演好父親、丈夫、兒子的角色。

現今的我最怕責任未盡，尤其為人父之後。娶妻時還沒那麼強烈，隨著大女兒、兒子的出生，益發感受到一種必須小心翼翼扛著、深怕出差錯的責任。

大女兒與兒子的成長過程中，我陪伴他們長大的時光太少了，只有在仕途不順時，才有豐盛的親子相處時光。像大女兒的幼稚園畢業典禮，我跟其他家庭的爸爸一樣，坐在台下看她表演，幫她拍照；同樣也是落選後，才有時間生第二個小孩，但兒子出生後沒多久，我又回到立法院，時間分給選民後，就無法參加學校的活動。所以，當選，成為立法委員；落選，成為好爸爸。

好不容易他們都上小學了，正慶幸人生的責任完成了一小部分，往後比較能偷空與太太享受兩人世界。沒想到二〇一八年，小女兒來報到了。

我在家時間不多，但小女兒一看到我，不用逗弄，就會一直笑。我若住在台北或出差，每天會跟太太視訊，小嬰兒也很厲害，會自己找鏡頭，看著她對著我笑，所有疲憊一掃而空，心也被融化，真的是一日不見，如隔三秋。

旅行是我跟太太最愛的事。有了小孩後，我們在每個孩子未滿週歲的那年會暫停出國計畫。二〇一八年為了小女兒，全家就沒有出國旅行。

完全沒想到，四十八歲還當爸爸。

感覺人生重新歸零，責任變得比以前更沉重，也不是不喜歡，或不想負擔，其實是甜蜜勝於辛苦，回饋多於付出，但總是多了一份擔憂，年近五十再添女，等到她大學畢業，我已七老八十，只能提醒自己要更健康，活久一點，小孩太小，責任未盡，哈哈。

現在的我盡量保持運動習慣，運動方式也很簡單，就是一邊騎健身腳踏車一邊追劇，韓劇、日劇、陸劇、歐美影集都看，單騎健身車會覺得很枯燥，但邊看劇邊運動，時間不知不覺流逝，容易持之以恆。

紓壓也是人生必修課

我能跟自己獨處時都是零碎時間。

我是遊戲迷，年輕時會跟朋友約去網咖打線上遊戲，現在則是會用碎片時間玩手機遊戲紓壓。我喜歡玩策略性質的遊戲，像是打開通往另一個世界的開關，打開手遊，就是放鬆的世界，關掉，就回到現實的工作。

我也不會一次只玩一種，同時會有幾種遊戲在手機裡，打到熟練了，就放掉不玩。打敗別人，通關得高分，那是過去的心態，現在電玩是自己和自己的比賽，沒有勝負，只有紓壓後的圓滿。

至於睡眠，我幾乎沒有失眠困擾。可能是因為喜歡文學小說，臨睡前，我會啟動「睡眠小說」構思模式，假想自己是小說家，在腦海構想書寫故事，但主角絕對不會是政治人物，故事也不會是政治場景。總之，要跟自己的職業無關。

二、三十年來，構思了無數天馬行空、甚至荒誕不經的故事，但一本小說也沒寫過，或許在我人生的某一天，我可以真正拿起筆，成為文學創作者，讓我的人生又多一條斜槓。情境轉換讓我放鬆，讓我暫時忘卻生命的煩惱，一夜好眠。

人不可能沒有壓力，如何看待、調整，非常重要，學會用什麼方式來面對，更是健康人生的必修。

第三部

人的最終目的——求圓滿

從政的過程，歷經在野到執政，
再到政黨輪替，
由邊緣到核心，從質詢到議事，
對立、角力；台上、台下，
原來所謂的對不全是對，
所謂的錯也不全是錯。
端看你站在哪裡？

之十三　面對黑盒子

我有個黑盒子理論。判斷飛機事故是從黑盒子的紀錄尋找答案，作為日後改進之處，提升飛航安全，我覺得人生理該如此，若能面對自己的黑盒子，從中找出缺失與不足，自我修正，生命必然朝著更好的方向。

在成敗當中學習自我修正

從政十多年來，我亦樂觀的相信，一個民主國家也應如此，每次的選舉結果就像打開黑盒子，在選舉的鐘擺過程裡[1]，政黨與政治人物都要從中尋找人民的想望與渴求，自我修正，走向更好的道路。

我認為，選民在每次選舉中做出的修正，是社會發展的一種修復機制，所以任何政黨在大勝到大敗的高低起伏都是必然經驗的過程。

從二〇〇八到二〇一八年，民進黨經歷兩次大敗。我雖然覺得痛苦，卻能充分理解這種失敗低潮。

其實，我做民代助理的那個年代，民進黨的選舉幾乎是輸，直到二〇〇〇年才迎來首次的政黨輪替，民進黨籍的陳水扁總統勝選，為台灣民主發展史寫下轉折點。但二〇〇八年因為「扁案」，人民用選票表達他們的不信任，民進黨一落千丈，像是被送進加護病房的瀕死之人，有政治評論家斷言，民進黨二十年內很難再起。

回想起來，身為民進黨一份子，那時明顯感受到全黨陷入天崩地裂的巨大危機，用「谷底」都還不足以形容那種絕望感，我覺得是十八層地獄的地下室。

註1：「鐘擺理論」出現於比較政治學文獻裡，是研究拉丁美洲當代政治體制所提出的論述——每隔二十年左右，會出現一次在民主制度和威權體制之間的擺動，形成鐘擺現象。民主選舉也有鐘擺理論：當某陣營在這次選舉大敗後，若能痛定思痛，檢討改進，易於下次選舉獲勝，如同鐘擺向左擺後便會向右，這本來就是選民心理的一部分。不僅是在台灣，在歐美等民主國家都能見到執政黨輪替現象。

但在二〇一四年，民進黨在縣市首長二十三席，拿下十三席，台北市長由無黨籍柯文哲拿下，二〇一六年的總統大選，民進黨贏得史上第一次全面執政的大勝；勝利的歡呼才落下沒多久，兩年多後，二〇一八年十一月二十四日九合一選舉，民進黨被重挫到一敗塗地。

經歷了這十年從重挫到勝選，再到重挫的起伏，我突然發現，我們都過度誇大了失敗與勝利的感受了！人民把票投給某人或某政黨，不見得是對他或這個政黨是滿意的，但人民不投給某人與某政黨，就是不滿意。人民的不滿意，不用閃躲，而是我們能否謹慎以待，從過去的傷痛學習到避免相同悲劇再次上演，用更多的同理心，與時俱進，理解與守護這個社會的多元價值。這是政黨或政治人物能否再起的關鍵密碼。

上天總會給人兩份禮物

近十年政治版圖劇烈變化，特別是從二〇一四年太陽花學運之後，國民黨在當年地方選舉重挫，四年後的二〇一八年，換民進黨在地方選舉重挫。這中間出現了白色力量柯文哲、新政黨時代力量和國民黨的異類韓國瑜，顯示中間選民對藍綠之爭已經逐漸無感；另一方面，網路催化粉絲型選民的高敏感。無感與高敏感都是一種「感覺」，也加大鐘擺，起落更加快速。

對於選舉的勝利與落敗，一如我的人生觀——上天總會給人兩份禮物，勝選贏得席次，敗選的一方獲得如《尚書》所云：「天視自我民視，天聽自我民聽。」人民對於民進黨政府的執政不滿，我們必須認真去找上天給的訊息——反省哪些是不對的，以及如何改進？

民進黨執政，站在理所當然的角度，做了一些理所當然的改革，立意良善勇敢堅定，但沒有強大的政治戰略思維和手段做後盾，必然付出慘痛的代價。

比如，想改善空汙問題，這個立意是對的，但政府卻是先對老車司機開罰，雖然老車是造成空氣品質惡化的原因之一，但這些司機多屬社會弱勢，開老車的背後原因很多是沒有錢換新車，順序上先找底層勞工開刀的做法，必然面臨更大反撲。比如，要照顧人民的健康，推動長照，菸捐稅上漲的速度缺乏同理戒菸者需要時間的角度，引起民怨，試想若是想要老菸槍的家人戒菸，你會採取這麼急進的方式嗎？比如，民進黨一直支持勞工權益，執政後也推出不少改革，像縮短工時、提高最低工資、但在勞基法修法一例一休的政策上，想讓勞工工時縮短，福利變好，又不想讓民進黨支持力量的中小企業受傷，左右為難，加上社會對話不足，論述能力欠佳，中小企業不滿，想加班增加收入的勞工也不滿，我們兩面受敵，勞資雙方都不諒解。

上天給民進黨政府的禮物，就是透過人民收回權力的選舉結果，去面對黑盒子，好好省思那些想完成的目標，對的方法、對的人同等重要，否則，空有美好的理想與目標，卻沒有找到對的人來執行，最後易淪為悲劇。

事實上，我們也看到了，蔡英文總統在九合一選舉大敗後，做出調整，並且任命蘇貞昌擔任行政院長，截然不同風格的兩人搭配得宜，讓政策接地氣，民眾快速有感，民調滿意度快速上升。

台灣的經濟發展與日本、韓國、新加坡等亞洲的先進國家，都面臨世界銀行定義的「高收入陷阱」。高收入陷阱產生的結構性經濟轉型問題，加上年金的破產危機、高齡社會的因應、兩岸與國際關係……無論是誰作為國家領導人，面對的挑戰只會更艱難，自然也不會有一帖見效的完美解方。

馬政府與蔡政府試圖提出不同解方。最大的不同是，馬政府加深與中國經濟的連結，以兩岸整合刺激台灣結構性經濟轉型；蔡政府則採取新南向政策，多元分散全球布局，並強化產業升級，其背後的政策思維是回到海洋國家的根本命題，台灣應該減少對中國的貿易依賴，創造多元化的經濟投資。中美貿易大戰開始後，中國也面臨經濟成長問題，把雞蛋押在同一個籃子裡，本來就不是以貿易立國的台灣能重押的選項。

用多元、大視角來思考

或許，因為自己是學歷史的，歷史研究所的訓練讓我在解讀事情時，能夠以大面向的歷史觀點來思索因果，提醒自己避免太過武斷。從政的過程，歷經黨外到在野，由邊緣到核心，再到政黨輪替，從台下質詢到台上議事，亦更深深感受到所謂的價值對錯，並不能完全從單面向角度觀看，而是需要更宏觀、多元的觀點，才能有更多的同理心，並能跨領域的整合，讓事情的處理能有更多的圓融與成熟。

不同的歷史角度會產生不同詮釋。比如，百年前女生要纏足，若去問那時的人們，他們會覺得纏足是對的，有何不妥？但百年後來看，那是殘忍又不人道的父權思想。比如，七〇年代開放全球企業來台設廠，換來了經濟成長率，但在四十年後，從環保、企業社會責任的角度去看，那時用高汙染換來的高成長，值得嗎？

我們可以用更長的時間軸來看時代變化、社會變遷，從多維角度去思考。歷史研究中，方法論的不同，對歷史的詮釋就會有不一樣的觀點、見解。但無論如何，人就是歷史的核心，政治也是依附人民而生。一個盛世的形成並不是只看帝王將相的英明神武，而是因緣具足，才能成就一個盛世。年鑑觀點帶來的另一個啟示就是：台灣的未來，從來就不只取決於領導人或執政團隊，而是在每一個人身上。

如同知名歷史學家卡爾．貝克（Carl L. Becker）所說的，我們都是張三，但我們卻不僅止於是自己的史家。換言之，我們每個人都是自己生命的歷史學家，也是國家共同命運的史學家。

因而，在民主政治進步的過程中，無論是輸或贏的那方，總要記得，最終要望向的，是能帶來更美好未來的遠方。

之十四　學問深時意氣平

不得不形容，「政治」在台灣的「侵入性」非常高，幾乎無違和感融入一般人的生活。

從北到南，各大婚喪喜慶都可見到政治人物祝賀的身影或字跡（題字匾額、花圈花籃），茶餘飯後，政論節目也是許多人的收視選項，甚至像追戲一樣固定收看，這個產業造就出不少政治名嘴，他們就像明星一樣，成了收視率保證，有些人還被廠商相中，為廣告代言。

能換位思考，有效「交流」

帶著鮮明的藍綠立場、如綜藝明星的政治名嘴，每天針對不同的時事議題辯論，節目就已經充滿張力。說實話，台灣的這些政論節目雖然會被人批評為媒體亂象，但它們在喚起公民對社會重大事件或是政策的關注上，的確有功。

我曾經做過政論節目的名嘴，扣除製作單位給「腳本」的評論者之外，清楚理解到一個人很難通透所有議題，尤其要在短暫的準備時間裡，於節目上言之有物，引經據典做論述。現在回想起來，那幾年的名嘴生涯，培養我最多的是如何與人有效「交流」，那已經不是說話的能力就能應戰的，而是對話之道。

我常被形容很會與不同立場的人對話。很多人聽完我的演講或論述，雖然立場跟我不同，也能平心靜氣接受我的論點。其實，要能有效與人對話最重要的能力，就是要能夠進入對方的情境去思考，其實就是同理心，而這點常被忽視。

這時，平日的閱讀就很重要。閱讀會形塑你的思考模式，當你愈能從多面向看待一件事，愈能靈活去理解社會的多元和正反雙方各自在何種思維下表述意見。當一個人能進入對方的情境，就比較容易說服人，才不會雞同鴨講，也能從天平的兩端，走向中點，展開有效的溝通討論。

以敏感的兩岸議題為例，我跟不同立場的人士，如深綠的台獨、維持現狀派、親中主張、大陸朋友等，都有過交流與對話。

先了解自己的價值觀，才能展開深度對話

面對不同立場的朋友，當你想展開有品質的對話，除了同理心，其次，要先確認自己的價值觀。在兩岸關係上，我有自己的三個信仰價值：第一是堅守自由民主制度，第二是台灣優先，第三是守住中華民國主權的立場，在這三足鼎立下，其他都好談。

因為長期民代的身分，有不少兩岸交流的經驗，少不了會被問及兩岸關係。我跟他們說了這「三支腳」道盡了真實，也說明了兩岸的差異。台灣與中國分治是現實，雙方血緣、文化密不可分是事實，但台灣在政權交替的歷史發展上，早就走進世界，吸納不同的文化，形成屬於台灣特有的文化主體與民主政治。

「舉個例子，台灣人民怎麼能夠忍受一天不能罵總統呢？」雖是博君

一笑，實則凸顯了生長在台灣這塊土地，最珍貴的自由與民主。

我再對他們說：「兩岸應該珍惜彼此因文化歷史相同的部分才有特殊關係，平起平坐，不是互相為敵。何況，一個比台灣大很多的強國動不動就文攻武嚇，阻止台灣和世界各國做朋友，這樣以大欺小，失了風範，也讓國際覺得中國是沒自信心的大國，我們也無法接受。」

我也從另一個角度說：「台灣這麼小，真的無法也不會對大陸怎麼樣，中國共產黨統戰這麼多年，花了那麼多金錢，怎麼還不了解怎麼抓住台灣人的心呢？民進黨與國民黨多年來想盡辦法討好人民，還要常常被輪替，作為市場的後來者，共產黨可以不用討好消費者？可以用恐嚇的方式強迫消費者？以人為本，學習了解消費者（台灣人民）的真正想法吧，才是兩岸和平發展的正道。」

兩岸的問題在於，對岸從未站在台灣人民的情境去思考。唯有正視中華民國的存在，才能理解台灣人民現在享有的都不能倒退，才能合作思考下一步兩岸該往哪裡走？

進入對方的情境去思考，就是一種同理的過程，雖然不一定能解決分歧，但至少不會令對方討厭，才可能論理，特別是價值衝突的議題，唯有透過同理心的溝通，雙方理解原來每人相信的對不完全是對，每人認為的錯也不完全是錯的，紛爭裡，只有透過發現你我的不同面向，體會「對中有錯，錯中有對」，如此，雙方為了共同朝向更好的發展，願意妥協，互相趨近對方的角度，理解是何原因，找到解法。

閱讀形塑思考模式，加深廣度

每當演講時，常被年輕學子提問：「如果未來想從政，需要具備什麼樣的能力？」說起來，有熱情，像里長伯那般熱心的人格特質比較適合，然後要認真打拚，因為這領域僧多粥少，若要成為檯面上的政治人物，不可缺乏的是有價值觀的論述能力。

論述是種藝術，除了有知識做基礎，還要將知識講得像常識一般容易理解才行，你要先了解說話的對象，先聽對方要說什麼，後頭的論述才有藝術可言。我們很容易忽略說話的受眾是誰，例如台下想聽歌仔戲，台上卻演出歌劇，真的是「白搭」了。觀察台灣各種受歡迎的政治人物都有共通特色，他們的演說都能對頻到不同的受眾，可以在廟口跟鄉親父老話家常，也能在國際會議廳侃侃而談。

我有個習慣，當要陳述某個議題時，會先思索並確立我的價值觀，接著從每個面向去思考這個議題，再來決定我對於這個議題的發言方式與尺度。觀點的形成有賴思考架構的完整度，也就是知識的厚度、閱讀量的多寡直接影響闡述思考的廣度。

閱讀是學生時期養成的習慣。我看的書很廣泛，立法院議會期間，也會隨身帶本書，在等待的空檔閱讀，它們是思考之必要，會讓生命獲得更多的滋潤，也培養我能進入對方情境去思考的能力。學問深時意氣平，愈有學問的人，愈見不到張揚，愈懂得傾聽，愈顯得謙虛。

「調和鼎鼐」是一位好的政治人物必須持續精進的境界，特別在民主高度發展、社會多元齊放的國家。很多時候，政治人物要處理的議題不是「是非題」，而是調和各方利益，從地方選民的服務到中央的立法議事，公婆皆有理或無理的情形太常見了，如果不能進入各方的情境，如何調和？

民主政治本來就是在折衝對立妥協裡往前走，當你體會到這個道理，就會明白意見不同是常態，調和鼎鼐的過程是一種將心比心的學習。很多事不是求贏、比高下，而是存善念、盡力做、求圓滿，這是我對人生的看法，亦是我對政治之路的心得。

「輸贏難論，圓滿即可」，生命的旅途中不會有全贏，也不會全輸。

不過，我想說的是，我的求圓滿不是一路妥協，當盡其力而不可得時，直球對決就是另一種圓滿。

我理想中的公民社會

歷經政黨反覆輪替，台灣在走向公民社會的過程，透過選舉的淬鍊，社會整體的思辨能力逐漸進步，思辨本來就是我們在過去教育制度裡較缺少的訓練。我自己的思辨能力養成，主要是從閱讀大量的哲學與文學著作而來。

我理想中的公民社會是人人有思辨與論述的能力，兩者缺一不可，要能具體論述，就要先能思辨自己的中心思想與信仰價值。沒有中心思想與價值的論述，只是人云亦云之罷了，這樣的政治人物，無法帶領國家往前走。

我相信，台灣的未來，民主制度一定愈臻成熟，藍綠是一時的符號，最終會回歸到民主的真正價值，這是台灣最重要的價值——民主、尊重、人權、平等，也是我們存在的意義。

用這個角度就可以理解，為什麼我必須在艱難的社會氛圍中，投下我當副院長後的第一票，支持《司法院釋字第七四八號解釋施行法》。

之十五　民主沒有完美，只能盡量圓滿

三月，我突然上了新聞頭條，臉書留言爆量。因為一月時，我在立法院門口被多家媒體朋友問及賴清德會不會參加二〇二〇年總統黨內初選一事，我肯定的回答：「不會！如果他會，我請現場所有人吃五百元牛肉麵。」

結果，三月十八日，賴清德正式宣布參選。

願賭服輸，言而有信是政治人物的基本

坦白說，跟大家一樣，當我從媒體得知消息時，真的很錯愕。那幾天，我不斷被人追問是否知情，我只能苦笑說，若知道，何必賭五百元牛肉麵，之所以敢跟記者們打賭，是因為當時問過本人。面對賴清德突然的參選，我願賭服輸，但也有著極深的遺憾與不安。

但我在之前就說過要支持蔡英文總統連任，無論是做人或是作為政治人物，我無法言而無信，而且打從內心，我是相信她會愈來愈好。

即使面對蔡英文民調低迷的狀況，我還是認為她是值得支持的總統。

至少，她的承擔、她的堅韌，讓民進黨在二〇〇八年崩盤後，起死回生，讓台灣的民主政治有了第一次完全執政的政黨輪替。至少，她的慧眼、她的創新，讓後輩們有了扛責的機會，打破派系，世代交替。我就是

在她的提拔之下，有機會到黨中央擔任發言人，也才有機會團結中生代，選上立法院副院長。

她的無畏、她的無私令人敬佩。明知改革年金，會讓民調直落，有人勸她順利連任後再做，她卻說年金即將破產，在職的軍公教，未來可能領不到年金，如果不在民調最高時推動，之後更難了。她會面臨今天艱難的局面並不意外，因為鮮少有領導人在一上任時，不怕把自己革掉。

事實上，前任總統也說過為了明日，年金必須要改革，但大刀闊斧需要把整體利益置於個人聲譽之上的破釜沉舟。做討好的領導人真的比較容易，光是蔡英文的改革魄力與勇氣，我自認比不上她。

在現有的憲政體制下，總統與行政院長就像企業的董事長與總經理。林全是董事長任命的外來專業經理人，認真、優秀，雖然沒有持股但依然盡心想做好，只不過政治與政策終歸無法分割，正因為政策與政治無法分開，行政院想要推動的好政策，必須在立法院的政治生態與多元矛盾的社會衝突中，排除萬難溝通與協調，才能收其成效，這位專業經理人離原有的企業文化（政黨政治）太遠，以致組織溝通不夠順暢，無法事半功倍。

賴清德是這家企業培養出來的專業經理人，持有股份，治理台南分公司的出色能力有目共睹，大開大闔，績效在所有分公司名列前茅，後來升任總公司總經理，雖然非常了解這家公司文化，卻擔憂功高震主，過於謹慎，無法全力施展。去年的九合一選舉，人民用選票表達對執政團隊的不滿，賴清德因而堅決請辭。

總經理由董事長任命，表現的績效自是董事長概括承受。過去大家都說蔡英文總統從鏡子裡面找人，她調整的速度很快，懂得修正，她找了蘇貞昌來接任行政院長。蘇貞昌跟她的個性大不同，很多看法也不見得一致，但卻是有能力解決問題的人。我觀察到，蔡英文下放總統的權力，讓蘇貞昌這位行政院長擁有最大的人事與政策決定權，才能盡力發揮「衝衝衝」的本色，人民立即有感。

把格局放大，政治不是論輸贏

這世界上沒有完美的領導人，只有相對適合的領導人。

我支持蔡英文總統，她有一種特質或者說是一種韌性，表現在兩岸關係上最為明顯。她喜歡說「維持現狀」，我的解讀是「不翻桌」也「不投降」的等待哲學。嗆聲對抗容易，下跪投降更容易，但國家社會都必須付出代價，前者讓台灣社會不安、國際局勢動盪，後者則讓中華民國主權淪喪，自由民主法治的生活方式消失。所以，作為國家領導人，這是最困難的部分，我覺得比起前幾任總統，蔡英文做得最好。

民主政治從來就不是論輸贏，因為輸贏都是短暫現象，民生政治應是在前進中產生智慧，大家都要願意讓利，甚至願意承受點損失，來成就更大的利益，在輸贏之外，還有「圓滿」這個較好的選項，才能在對立中尋求好的合作關係。這不是口號，而是本來就真真切切存在於任何的合作關係裡，小至個人的交友、家庭，大至社會的職場、商場，好的合作關係是找到一種方法，利益平衡，共創價值。而台灣要面對合作關係，不僅是政治敏感的兩岸，還有與全世界的關係。

全球新銳史學家哈拉瑞在《21世紀的21堂課》著作中指出，核戰、生態崩潰與科技顛覆這三個難題每一個都足以威脅到人類文明的未來，因而政治也要全球化，因為人類已經有了全球的生態、全球的經濟、全球的科學，只有剩下政治還卡在國家層次。他認為，想要解決這些全球議題，國族主義情懷是幫不上忙的，未來需要的是一個全球身分認同，才能處理一系列前所未有的全球困境。

台灣的身分認同一直是歷史情緣的命題，物換星移，在新的時代變化下，我們也應該開展新的論述。我們這一代政治人物的任務，就是為台灣打造更能完善運作的民主政治體系。

每個人之於社會都不該是孤島，國家之於世界也是。

或許，我們該將格局放的更遠大，討論兩岸的合作關係，實則也是討論兩岸與全世界的共創價值——畢竟，作為全人類的一份子，最終的命題都會指向如何解決我們所面臨的生存難題。當世界是平的，心也要跟著變大。

之十六　在政治修出道來

當上立委後，選民服務是日常工作，從地方鄰里事務到政策立法，多數時刻，可以用「化解爭，避開害」來形容。

我的選區是台中海線，在我之前都是國民黨獨大的選區，民進黨也沒有任何勢力，只能用開疆闢土形容。我在海線的選票是靠著勤勞走動，解決民眾問題，把一張張原本不屬於我的選票，變成一個個的支持者。

水善利萬物而不爭

還記得剛拜訪選區裡的每位里長時，常碰軟釘子，還有一位國民黨的死忠鐵樁里長只要我一進門，不客氣說：「少年，你賣擱來，不用浪費時間，我不可能支持你！」

但我還是去，久了看到我，他會主動招呼：「來坐啦！你不是不好，只是我的里都是你的對手在服務，我沒辦法支持你。」我說：「沒關係！你讓我預約未來，某一天某立委不選了，再給我服務的機會。」後來，這位里長真的如他所言，轉而支持我。

有時不爭，反而能化解爭。所謂的「水善利萬物而不爭」，如老子說的，不爭才會無害，當我們每次對別人好，服務他人時，永遠要存著一份感激，因為對方讓我們有自我實現理想或是獲得成就感的機會，但不要去爭付出就一定要有回報，執著於此，就是爭了。這個境界知易行難，我至今依然在修行之中。

我不是鼓吹與世無爭的出世思想，相反的人在江湖，避不開爭，所以，我們應該更加理解何時爭，何時不爭。何時不爭也是爭，爭到最後，或許輸贏也難論。

我沒有跟不支持我的里長去爭論我跟對手的好壞，就只是主動關懷，讓他有機會能夠理解我，二〇〇八年連任失敗後，我的選民服務處在落選的四年間照常開門，就是存著一份利萬物但不與萬物爭的服務之心。做人要像山一樣可靠，也要像水一樣不執著。想服務人民，有沒有民代身分，根本不是重點。

人生有大大小小的事都適用這個道理。有種關係類型是自己覺得為對方犧牲一切，卻換來對方不懂感恩，其實癥結點在於有沒有「爭」。

多數人利萬物是證明自己的能力，這樣的愛會太沉重，讓人有壓力，就如一句玩笑話是「有一種冷叫媽媽覺得冷」，覺得冷是媽媽，而不是孩子，兩人之間就容易為小事起爭執。

爭取自來水接管補助，為人民避害

作為一個政治人物，為人民避開「害」是很重要的任務。很多人可能很難想像，在台灣還是有一群人喝不到乾淨的自來水。自來水普及率超過百分之九十是迷思，若細看城鄉分類，都會區的自來水普及率高達百分百，但若深究台灣部分的鄉下地區，不少庄里的自來水普及率只有百分之二十到三十。

早年是農業時代，使用農藥也不像現在這麼普遍，但進入工商時代，地下水受到嚴重汙染，以台中市山海線的部分地區為例，長期沒有自來水，居民喝了一輩子黃澄澄的地下水，好一點的家庭，是阿公阿媽騎機車去載飲用水回家給孫子喝。這些地區沒有自來水的原因多半是戶數不多，有的是三、四十戶，有的只有五戶、十戶，但自來水接管工程需要鋪設主幹管、幹管和家戶管路，必須耗資幾千萬，若沒有政府補助，以家戶數平均起來，偏鄉居民根本無法負擔。

若要家家戶戶都能有自來水，就需要中央政府的補助，才能提升偏鄉居民的自來水接管率。有一年，我將大甲銅安里居民使用的地下水裝瓶，由產地直送台北的立法院，質詢當時的行政院長毛治國。當他看到我手上那瓶顏色像可樂又像咖啡的地下水，馬上裁示大幅度增加無自來水區域幹管預算，也因為我這次的要求與毛院長的善意回應，自此加速解決全台灣無自來水區域的腳步。

我是出身非都會區的立委，爭取看似不起眼的全台無自來水區域幹管預算，比起其他建設，不但耗時耗力，也沒那麼顯眼，但我覺得值得，只要能接上自來水管路，原本無自來水地區就能世世代代有乾淨的水源，對於居民健康安全也有正面影響，至少能避免因使用地下水所造成的健康危機。

水是日常生活所需，喝乾淨的水、吃乾淨的食物、呼吸乾淨的空氣是我認為生長在台灣的每個人都該享有的基本人權，不應存在城鄉差距。城鄉的概念是生活型態的不同，而不是基本條件的不同。任何會危害人民健康與安全的事，都應該優先重視與優先去處理。一直到現在，我的臉書上還是會有非台中市民眾留言陳情，反映無自來水之苦。只要我在立法院的一天，就會努力爭取所有人的用水權利，期待全台皆有自來水可用的那天早日到來。

可能是自己為人父母，所以很重視公共空間的親子設備。我認為那是一個先進國家該有的細節，因為小孩有時不受控，哭鬧起來，連父母都束手無策。我在日本看到親子車廂，因而也跟台鐵建議可以設計親子出遊車廂，不但對親子家庭體貼，提升服務品質，也尊重共乘的他人，還給其他車廂安寧，大家在車程當中的感受也能更美好。

偏鄉孩子的教育問題，也是我從政以來投入最多心力的。替孩子爭取軟硬體設備，將危險教室一棟一棟拆除、改建，看到孩子的笑容，我很滿足。

放下自我，才能看清局勢

從政對我而言，最大的負擔之一就是每天必須面對許多負面的情緒，政治上的抹黑、攻訐、威脅，特別在網路時代更是嚴重。民眾的抱怨、訴苦，不理性的要求，甚至助理協助不認識的受刑民眾了解自身司法權益的案件，被媒體誤導為司法關說，在防酒駕的《道路交通管理處罰條例》審查會議和黃國昌委員的爭吵，我當下感到無奈與憤怒……，雖然被誤解心裡不好受，但我體認到唯有放下自我，才能看清局勢。

人要清楚自己要什麼結果，過程中的喧囂終究會過去，就像失敗也是過程，而非終點，它累積你克服挫折的能力。民主的價值貴於多元，重於開放，無論是黨內黨外政治工作的平衡與妥協，不論是將心比心或是換位的同理心，最終目標是尋求圓滿。

要能看清當下的狀態，就要學習放下自我，要能放下自我，得培養同理心，有可能你的善是別人的惡，絕對的看法是很危險，隨時反省淬鍊，提醒自己沒有靜態的永恆，只有動態的存在。在現實生活中，容易去理解對方想什麼，或是容易為人著想者，就愈有能力解決問題。

後來想想，能夠學習逐漸放下部分的自我，影響最深的還是文學小說，讓我在很短時間內，參閱很多人生故事，對於站在別人的角度來看問題，有很大的助益。小說裡對於人物與時代背景的描述，對於人性的探知與人生的找尋，都能讓人理解人本來就是多面，看待一個人不要只從片面、單向去看，所以我交朋友都是看個性與品格，可能他跟我是不同立場、不同領域，但卻是能交心的朋友。

至於自己的喜歡與不喜歡，放得過大了，依據我的經驗值，大部分時候真的無濟於事，還會弄擰關係，無法破口或突破僵局。

當然，還是會有對手攻擊，或是遭致誤解，我都把它們當作是對我的考驗。按照佛家的邏輯，這些人是我們的菩薩，他讓我們看到自己的局限。包容的力量才是最大，而且，仔想想，某個人怒罵你，罵完了照樣一覺到天亮，你卻生氣得一夜輾轉難眠，你的不開心，對方不知道，也不會在意，這不是為難自己嗎？

人生在世，別跟自己過不去，原諒別人，就是放過自己的負面情緒，清出心靈空間，多裝一些值得開心的事。

之十七　世代無優劣之分

不知道大家還記不記得太陽花學運？今年剛好滿五年。

那是一場對當權者忽視民意，民主程序被崩壞，作為下一代主人的青年學子試圖重塑台灣民主的學運，抗議青年從街頭占領了立法院，那段時間，從場內主席台延伸到青島東路的周邊街道，自發性的群眾力量，用各種行動聲援，這場學運召喚了台灣不同世代的團結。

從野百合到太陽花，寫時代的故事

當時，我跟許多民進黨的立法委員也二十四小時排班，守在立法院的議場入口，讓外頭的警察不要與學生發生衝突，也居中協調如何圓滿落幕之道。

看著他們堅毅的年輕臉龐，坐在門口守護的我們，很高興我們「老了」，有一群接棒的年輕人跳出來，願意為這個國家做些事情，願意關在這麼苦的地方，即使疲倦也不退縮，席地而睡。這群年輕孩子有熱情、正義感，組織工作，動員補給，對國際發聲，我看見世代之間的長江後浪推前浪。

如果歷史是一場旅程，在某個時空聚集的世代就是旅伴，一起寫下時代的故事。

世代無優劣之分，我也年少輕狂過，從野百合學運。我一路反威權，學生時代參加社運，還做過廣播電台的副台長，從早到晚評論那時專制的國民黨政府。當年，五二〇農民運動，鄭南榕先生自焚，對我的衝擊很大，也焦慮於我們的國家是怎麼了？歷史學與社會學變成我的出口，急著從書本裡找到解釋，透過大師們的理論思想，知道我們在衝撞體制，想追求公平正義的社會結構、想讓民主自由在土地發芽的這些事是有意義的。

研究所畢業後，我曾在大學教授台灣文學、台灣小說和原住民文學，有通識課，也有中文系的選修課，當講師多年，自己在備課過程中受益良多，伴隨著文學者的思考與身體，是文學的故事，也是台灣的故事，為了存在、為了自由、為了民主，為了前進未來彼端。

台灣的兩代學運，我都參與到了。一九九〇年在那時的中正紀念堂——現在的自由廣場，我們那一代的大學生開出了野百合。二〇一四年，這一代的大學生在國會長出了太陽花。不同的世代，不同的社會環境，但有著共同的信仰——每一個世代對於這片土地的思考與情感，那樣的集體努力，守護台灣的價值。

請尊重每個世代的獨特

我並不覺得，用上一個世代的邏輯來思考下個世代的風格是正確的。尤其是作為長輩、前輩的我們該去思考，若要傳承、指導，如何學習用更寬廣、樂觀與正面評價來看待新的世代。

很多舊有的觀念是當時需要，但現在不需要了。這就像是千年前的人批評現代人不會鑽木取火，但明明現代人已經有打火機，根本不再需要辛苦的鑽木取火，不是這代人不耐刻苦或不願吃苦，因為他們的韌性不需要展現在勞力上，如果你跟我一樣，曾經親身看見那群太陽花的年輕學子，他們是如何組織動員，如何領導發聲，他們是如何放棄家中舒適睡床，入夜只能與同伴躺在硬邦邦的地板，甚至連翻身的多餘空間也沒有，你會理解，世代沒有優劣之分，請尊重每個世代的獨特。

所以，你可以問為什麼不點火，但不能批評為什麼他們不會鑽木取火？我的年代是CALL機，現在是手機，我生長的年代沒有網路，現在都要走向行動５G了。我們當年的野百合學運，是靠實體人際網絡串連，到了太陽花學運，是用網路社群的力量向全世界發聲。

野百合與太陽花，都是這塊土地所開出的美麗花朵。

每個世代的資源、工具都不同，怎麼能要求行事風格相同？但存在人類文明中的人性光輝值得發揚保存，也是世代傳承的根。

比如，對我來說，認為一個人在年輕時，不能不熱血。我也是這樣跟團隊的助理說，三十歲以前不用想太多，三十歲後再思考，現在想的跟未來不會一樣，不要害怕那些天馬行空的創新想法，實驗創新正是生命的原動力。

大人們對於年輕世代要多給空間，多點寬容，也可以從年輕世代身上開啟一趟反省之旅，自問經過現實洗禮，有沒有忘了初心，有沒有把目的當成手段？有沒有盡責？

不忘初心，孜孜其昌

二〇一九年，我迎來五十。

我很少有自己的時光。若有，我會去美術館看展，或找藝術家朋友泡茶。在藝術家朋友裡，我跟台灣年輕陶藝家吳晟誌特別投緣，雖然我們屬於不同世代，但什麼都能聊。

我就偏愛質樸、觸感溫潤的陶製茶壺、杯碗，看著心中會升起一股祥和平靜之感。自從某一年在台中秋山堂店裡看到吳晟誌的黃金鐵陶系列作品，我驚為天人，請人介紹我與晟誌認識，自此結交為好友。

晟誌的父親是被陶藝界稱作「台灣泥的魔法師」吳政憲，母親劉映汝也婦唱夫隨，投入陶藝創作。晟誌的陶藝可謂家傳，從小跟著父母走遍台灣319鄉鎮，研究台灣泥變化與拼配釉色技法，善於實驗創新。只要有空，我就會去他們的工作室，泡茶聊「壺」，聊台灣的土地。

前年底去年初，有次吳政憲大師也在，聊到我的人生快五十，因為自己的個性不喜大張旗鼓，加上我過生日向來單純，都是在家慶生，所以婉謝那些想幫我擺桌宴客的朋友們。

吳大師提議，不如請晟誌設計五十歲的紀念茶壺。我一聽，拍案叫好，本來就收藏不少晟誌的作品，若他願意特別為我製作，求之不得。因為是要紀念我的五十歲生日，晟誌覺得很有意義，便一口答應我提出的五十個紀念茶壺訂單，茶壺底座刻字，我請林章湖教授幫我篆刻「五世其昌」。

晟誌在他自己的創作計畫之餘，慢慢燒製，每一個皆擁有獨一無二的色澤，待五十個全齊後，我跟太太兩人端詳著它們，竟久久無法取捨，每個都想留下，自己珍藏。

五十歲的生日，我這麼勉勵自己：大善無我，孜孜其昌。

獨善其身是小善，真正的大善是無我，政治之路也是修身養性之路，透過服務他人來了解世間真理。比起三十五歲的我，初心沒有改變，五十後的我更懂得存善念、盡力做、求圓滿。

莫忘初衷，務實前進。只要努力不倦就會有好的成果，我是這樣相信著。

五十歲，我許願，我的下半生，能像陶杯碗，可以溫潤更多……。

社會人文 BGB473

後背包的初心
蔡其昌的人生解題法

國家圖書館出版品預行編目(CIP)資料

後背包的初心：蔡其昌的人生解題法 / 蔡其昌著. --第一版. -- 臺北市：遠見天下文化, 2019.07
面； 公分. -- (社會人文；BGB473)
ISBN 978-986-479-770-7 (平裝)

1.蔡其昌 2.傳記 3.臺灣政治

783.3886 108010856

作　者 — 蔡其昌
採訪撰文 — 林靜宜

事業群發行人／CEO／總編輯 — 王力行
資深行政副總編輯 — 吳佩穎
責任編輯 — 陳珮真
封面設計 — 張議文
圖片提供 — 蔡其昌

出版者 — 遠見天下文化出版股份有限公司
創辦人 — 高希均、王力行
遠見・天下文化・事業群 董事長 — 高希均
事業群發行人／CEO — 王力行
天下文化社長／總經理 — 林天來
國際事務開發部兼版權中心總監 — 潘欣
法律顧問 — 理律法律事務所陳長文律師
著作權顧問 — 魏啟翔律師
社址 — 臺北市 104 松江路 93 巷 1 號
讀者服務專線 — 02-2662-0012 ｜ 傳真 — 02-2662-0007；02-2662-0009
電子郵件信箱 — cwpc@cwgv.com.tw
直接郵撥帳號 — 1326703-6 遠見天下文化出版股份有限公司

電腦排版 — 極翔企業有限公司
印刷廠 — 中原造像股份有限公司
裝訂廠 — 中原造像股份有限公司
登記證 — 局版台業字第 2517 號
總經銷 — 大和書報圖書股份有限公司 電話 — 02-8990-2588
出版日期 — 2019 年 7 月 25 日第一版第一次印行

定價 — NT 350 元
ISBN — 978-986-479-770-7
書號 — BGB473
天下文化官網 — bookzone.cwgv.com.tw